让青少年受益终身的智慧游戏

荣获天津首届优秀科普作品奖

我思故我在

培养思考力的思维游戏

盛文林◎编著

思考是我们揭示隐藏于事物背后规律的必要手段

激发潜能的智力游戏

唤醒大脑中沉睡的

天津出版传媒集团
天津科学技术出版社

图书在版编目（CIP）数据

我思故我在：培养思考力的思维游戏／盛文林编著
—天津：天津科学技术出版社，2011.5（2020.6 重印）
（让青少年受益终身的智慧游戏）

ISBN 978-7-5308-6313-8

Ⅰ. ①我… Ⅱ. ①盛… Ⅲ. ①智力游戏—青年读物②智力游戏—少年读物
Ⅳ. ① G898.2

中国版本图书馆 CIP 数据核字（2011）第 062371 号

我思故我在：培养思考力的思维游戏
WO SI GU WO ZAI : PEI YANG SI KAO LI DE SI WEI YOU XI

责任编辑：郑　新
出　　版：天津出版传媒集团
天津科学技术出版社
地　　址：天津市西康路 35 号
邮　　编：300051
电　　话：（022）23332674
网　　址：www. tjkjcbs. com. cn
发　　行：新华书店经销
印　　刷：三河市兴国印务有限公司印刷

开本 710 × 1000　1/16　印张 12　字数 200 000
2020 年 6 月第 1 版第 2 次印刷
定价：36.00 元

前言

QIANYAN

思考是我们揭示隐藏在事物背后规律的必须手段，只有通过思考，我们才能透过现象抓住事物本质，从而正确迅速解决所面临的问题。

要想拥有较强的思维能力，就要有意识地去训练思维。人的一生可以通过学习来获取知识，但培养思维能力却不是这么容易的事，而思维游戏是实现这一目的的有效途径。

在国外，人们很早就把思维游戏列入了教学范围，因为国外教育界早就认识到思维游戏是培养思考力的一种极好的训练方式，可以帮助游戏者在潜移默化中培养思维习惯和提升思考能力。这种对思维的导向作用是思维游戏所独有的，但是这并不是说所有的思维游戏在培养思考能力方面的效果都是一样的。那么，哪些思维游戏在培养思考能力方面最有效呢？带着这个问题，我们对国内外的经典思维游戏作了一个梳理，并组织编写了这本《我思故我在：培养思考力的思维游戏》。本书分为六部分，分别是：推理类培养思考力游戏、分析类培养思考力游戏、数字类培养思考力游戏、图形类培养思考力游戏、科学类培养思考力游戏、综合类培养思考力游戏。

为起到培养青少年思考力的作用，我们对每一部分的游戏都进行了精心的选择和设计，使每个游戏不但具有代表性和独创性，而且难易适度，形式活泼。在游戏的过程中，广大青少年朋友一定会得到多方面的锻炼，在培养良好的思维习惯的基础上，获得思考力的显著提升。具体反映是在解决和处理问题时，有更好的解题方向和更快的解题速度。我们相信若能长时间坚持做此类游戏，读者的思考力定会有一个大幅度的提升，最终成为一个思维敏捷的人。

目录 CONTENTS

第二部分　分析类培养思考力游戏

第五部分 科学类培养思考力游戏

第一部分

推理类培养思考力游戏

推理能力是逻辑思维的具体表现形式，是培养思考力的最为有效的工具，同时也是我们认识世界的基本工具之一。19世纪末的英国侦探小说家柯南·道尔曾在他的侦探小说中写道："一个逻辑学家不需要看到或者听说过大西洋或尼亚加拉瀑布，他就能从一滴水推测出它们存在的可能。"个人的精力是有限的，知识面也是有限的，推理能力会让我们学会举一反三，给我们的思维一个广阔的自由驰骋的空间，让我们的思考更加深入。

金笔指证

位于贝当大街布鲁克巷 5 号的一间情人旅馆里，除了救护的工作人员、警长莫纳汉和名探哈莱金外，还有一具女尸。那是一位妙龄女郎，被水果刀插入背部致死。“她是吕倍卡·兰恩，”警长向哈莱金介绍情况，“她上周才与‘大卫’号船长西奥多·兰恩完婚。昨天西奥多刚起航前往夏威夷，他们在第三大街有一套小巧的单元房。”

“有嫌疑对象吗？”“可能是查理·巴尼特。吕倍卡曾与巴尼特相好，但最后选择了西奥多。”“让我独自去拜访一下巴尼特吧。”哈莱金说着，故意将一支绿色金笔扔在门口。

巴尼特独自住在他的加油站后院。哈莱金进门就问：“你知道吕倍卡被人杀了吗？”“啊！不，不知道。”巴尼特气喘吁吁地说。

“嗯，不知道就好。”哈莱金说，然后他伸手到上衣袋中欲摸笔作记录：“噢，糟糕，我的金笔一定是刚才不小心掉在吕倍卡的房间了。我得马上去办另一件案子，顺便告诉警方你与此案无关。你不会拒绝去帮我找回金笔，送到警察局吧？”巴尼特看上去似乎很犹豫，但他终于耸耸肩膀说：“好吧。”当巴尼特将金笔送到警察局时，他立即就被逮捕了。

为什么？

培养指数：★★★☆☆

烟头作证

米勒先生原来是一名美术教师，后来终于成为一位著名的画家。这么多年来，米勒只要一有空，就叼根香烟埋头作画。他觉得如果作画时不吸烟就没有什么灵感，尽管吸烟经常让他咳嗽。

一个周日的上午，米勒先生接到一个电话，对方说：“您好，我是保险公司的业务员，想占用您一点儿时间……”虽然不太愿意，不过也没有推辞，米勒先生就和那个业务员约定了下午两点在米勒家中见面。

米勒先生刚刚放下电话，电话又响了起来。是他的一个老朋友，他们也约在了下午见面，一起喝茶聊天。

然而，就在这天下午，米勒先生却被发现死在了家中。亨利探长到了一看，屋中的烟灰缸里有几只烟头，门口也有一只吸了一半的烟。另外，他还了解到这天下午来过两个人，一个是保险公司的业务员，另一个就是米勒的朋友。亨利想了想，就知道谁是凶手了。

那么，你能猜到谁是凶手吗？

培养指数：★★☆☆☆

蚂蚁证人

一座公园的长椅下发现一具青年女尸。

女尸的样子惨不忍睹，头部被击破，血肉模糊，身上脸上爬了许多黑蚂蚁。王侦探小心翼翼地戴上手套，拾起尸体旁边的半截汽水瓶，因为这就是凶器。

鉴定很快做出，死者是被玻璃器皿打击致死，汽水瓶上留下了清晰的指纹，紧跟着，留下指纹的人——一个强壮的男青年被抓获。王侦探松了一口气。但男青年否认杀人，声泪俱下，年轻的侦探犹豫了，推开了警长办公室的门。

警长与王侦探反复研究材料，最后发现一个疑点：蚂蚁。

结果是蚂蚁证实了男青年是无罪的，王侦探也为此避免了一次错判。蚂蚁怎样证实了男青年无罪？

培养指数：★★☆☆☆

项链暗示

警察甲与乙在讨论刚刚接手的谋杀案：一个寡妇死在了梳妆台前，头部被击中，几乎没有线索。

“你注意了吗？死者的手里抓着一串珍珠项链。”

“人是死在梳妆台前的，她是正在打扮时候被害的，手里当然拿着项链了。”

“不，死者脖子上有项链，她不会再戴一条啊！”

“可能凶手也是个女人，死者在同凶手搏斗中揪下了凶手的项链。”

“不对，项链很完好，不像是打斗时揪下来的。我觉得这可能是死者在向我们暗示什么，一定是与凶手有关。”

“凶手？刚刚邻居说这个女人信佛讲道，接触的除了和尚就是算命的道士，谁能戴项链啊？”

“谁戴项链？……我好像明白了。”

读者朋友，你猜到凶手是什么人了吗？

培养指数：★★★☆☆

排除嫌疑

鲁布市发生了一起谋杀案，警察到达现场时，在浴缸旁发现几滴凶手的血。经化验，这个犯罪分子的血型是AB型。

侦察的结果，查出一名叫吉卡的中年老板有犯罪嫌疑。但警方前往拘捕时，却晚了一步，吉卡出国了，因而无法查出他的血型是什么。

于是警方转而调查吉卡父母的血型，他父亲的血型是O型，母亲的血型为AB型。此时，警方便排除了吉卡的嫌疑。

你知道为什么吗？

培养指数：★★★☆☆

杀人浴缸

一天，尼克探长要去看望住在海边豪宅的好友布莱克。路上，他给布莱克打了电话，告诉他大约半个小时后到。

半小时后，尼克准时到达，可在客厅里等了5分钟，还不见布莱克出现。这时仆人特里说：“老爷进去洗澡已经半个多小时了，会不会……”尼克探长撞开浴室门，发现布莱克死在浴缸里。从初步检查的结果来看，他是溺水死的，死亡时间大概在半小时前。

警察赶到后做了进一步分析，发现布莱克的肺部有大量海水，而没有淡水残留。同时，整个下午只有仆人特里一个人在家，没有其他人来过。

尼克第一反应就抓住特里，说他是凶手。特里拼命地否认他没有作案时间："尼克探长打电话来的时候主人还在接电话，从那时到现在只有 30 多分钟，可是从这里到海边却要一个小时。我就是坐飞机也来不及。"但尼克却一口咬定是特里干的。

你认为尼克的理由是什么呢？

培养指数：★★★☆☆

情报电话

福特在金冠大酒店被歹徒挟持，歹徒逼迫他当着他们的面给家里报平安。福特的电话内容是这样的：

"亲爱的罗莎，您好吗？我是福特，昨晚不舒服，不能陪您去夜总会，现在好多了，多亏金冠大酒店经理上月送的特效药。亲爱的，不要和我这样的'坏人'生气，我们会永远在一起的，请您原谅我的失约。我的病不是很快就好了吗？今晚赶来您家时再向您道歉，可别生我的气呀！好吧，再见！"

可是 5 分钟后，警察突然出现在他们面前，歹徒不得不举手投降。你知道福特是怎么报案的吗？

培养指数：★★★☆☆

故布疑阵

菲利普打电话给他的好友警察斯蒂芬，说自己的叔叔可能出事了："我们今晚约好一同吃晚饭，但他没来。你能不能陪我去他家里找找他？"

路上，菲利普对斯蒂芬说："我叔叔认为最近几天他被贼盯上了。他有一大笔现金，藏在密室的保险柜里，不过这件事让一个保姆透露了出去。”

两个人来到菲利普叔叔的屋子外，门没锁，只有门口厅室里一盏灯亮着。斯蒂芬建议说：“最好查看一下密室。”

菲利普在前面带路，来到黑漆漆的密室门口，停了一下说：“最里面的角落有盏落地灯。”便走进黑森森的屋子，看不见人。一会儿，落地灯打开了，房间里顿时明亮如昼。菲利普的叔叔横卧在地板上，脑袋上有条很大的伤口。

菲利普跨过他叔叔的身体回到门口：“他……他死了？”斯蒂芬察看了一下伤势，说：“他没事，不过你要倒霉了，最好把整件事情讲清楚，我可以请求法庭对你宽大处理。”

菲利普在哪儿露出了马脚？

培养指数：★★☆☆☆

伪造的遗书

有位老人十分喜欢小鸟，所以他在树林深处建了一幢别墅，并在别墅里挂了许多鸟笼，里面养着各种各样的鸟。

一天，他的一位多年未见的朋友前来拜访他时，发现他死在家中，便立即报了警。刑警来到现场，发现一张字迹潦草的遗书，说他是服用了大量的安眠药而自杀的。但是，当刑警环顾四周时发现，室内有很多鸟笼，笼内的小鸟还在欢快地啼叫着。他的朋友向刑警介绍说，死者三年前当了爱鸟协会会长。

听了这话，刑警果断地下了结论：“如果是那样的话，则是他杀，遗书是伪造的。”

警察是根据什么说出这番话的？

培养指数：★★☆☆☆

伪造的相片

周五下午 2 点左右，未来食品会社社长大岛先生的家中进了窃贼，一个价值不菲的古董被盗走了。千本侦探很快就赶到了现场并作了检查。他说："从作案手段来看，很像最近出现的盗贼吉拉所为。"于是，千本很快就找到了吉拉。

千本问他："周五下午 2 点左右你在干什么？"

吉拉拿出了一张照片，说："那个时候我在赛马俱乐部。这个就是我当时上马时照的相片。是我的朋友给我照的，看后面的那个时间是下午 2 点吧，所以我根本不在案发现场。"

可是，经验丰富的千本侦探一眼就看出了这张照片是假的，他说："你可以骗人，但是照片是不会说谎的。这是上午照的照片！"

那么，千本侦探是根据什么说这张照片是伪造的呢？

培养指数：★★★☆☆

密室人命案

一个夏天的夜晚，一所独门独院的别墅里，一个犯罪团伙的头目被枪杀。第二天早晨尸体被发现，凶器是丢在尸体旁边的一支手枪。可是，那间房子的门是从里面反锁着的。面积狭小的窗户从里面插着插销，并且窗外是很坚固的铁条防盗护栏。只有窗户下角的玻璃坏了一块，那里已经拉了一张蜘蛛网，连一只苍蝇也别想出入。也就是说，这是一个完完全全的密室。

你能推断出罪犯是如何枪杀了团伙头目的吗？

培养指数：★★★☆☆

自杀的玄机

几年前，一位年轻人带着他的女朋友来塘边玩，女朋友不小心掉下水了。他下水去捞，但是在捞的时候总是有水草缠住他的脚，于是他就拼命甩掉水草。最终，他还是没有救出自己的女友。几年后，年轻人来到女友去世的塘边，看到一位老人，于是，他问老人："这个池塘有水草吗？"老人说从来没有。这个年轻人听后，顿时悲痛欲绝，跳进池塘里自杀了！

你能解释出年轻人为什么自杀吗？

培养指数：★★★☆☆

白纸遗嘱

作曲家简和音乐家库尔是一对盲友。简病危时曾请库尔来做公证人立下一份遗嘱把简的一半财产捐给残疾人福利机构。随即让他的妻子拿来笔和纸，以个人签章。他在床头摸索着写好遗嘱，装进信封里，并亲手密封好，郑重地交给库尔。库尔接过遗嘱，立即专程送到银行保险箱里保存起来。

一星期后简死于癌症。在简的葬礼上，库尔拿出这份遗嘱交给残疾人福利机构的代表。但当代表从信封中拿出遗嘱时，发现里面竟然是一张白纸。

库尔根本无法相信，简亲手密封、自己亲手接过并且由银行保管的遗嘱会变成一张白纸！这时来参加葬礼的尼克探长却坚持认定遗嘱有效。

探长为什么认定遗嘱有效？

培养指数：★★★☆☆

十三朵玫瑰

海克特租用的房间只有一扇窗和一扇门，而且都从里面锁上了。警察小心翼翼地弄开门，进入房间，只见海克特倒在床上，中弹死了。

警官打电话给海尔丁探长，向他报告了情况：“今天早上，第103街地铁站那儿卖花的小贩打电话报警，说海克特在每个星期五的晚上都要到他那里买13朵粉红色的玫瑰，已经有十多年了，从未间断过，可这两个星期他都没去。那个小贩有点担心他会出事，就给我们打了电话。初步看来，海克特像是先锁上了门和窗，然后坐在床上向自己开了枪。他是向自己的右侧倒下去的，手枪掉到了地毯上。开门的钥匙在他的背心的口袋里。”

“他买的那些玫瑰怎么样了？”探长问道。

“它们都装在一个花瓶里，花瓶放在狭窄的窗台上，花都枯萎凋谢了。另外，据我们分析，海克特死了至少已有8天了。”

“整个地板都铺了地毯吗？”

“是的，一直铺到了离墙脚一英寸的地方。”警官回答。

“在地板，窗台或者地毯上有没有发现血迹？”

“只有一点灰尘，没有别的东西。只有床上有血迹。”

“如此说来，你最好派人检查一下地毯上的血迹。”海尔丁说道，“有人配了一把海克特的房间的钥匙，他开门进去，打死了正站在窗边的海克特，然后，凶手打扫清洗了所有的血迹，再把尸体挪到床上，使其看上去像是自杀。”

海尔丁为什么如此推断呢？

培养指数：★★★☆☆

奇怪的救护车

依波尔探长来到警局，准备查找一份资料，忽然接到报警电话，中央街银行闯进来四个蒙面匪徒，抢走了近百万的现金，然后开车逃走了。依波尔探长立即和其他警察一起以最快的速度向出事的中央街银行赶去。

一路上，车辆和行人听到警笛声都纷纷让路。就快到银行的时候，忽然前面不远处传来了一阵急促的救护车声。探长看到救护车停在路中央，旁边围着很多人。他下车一打听，原来刚才有个男子不遵守交通规则，在穿过马路的时候被卡车撞伤了，刚好这辆救护车路过，人们就把它拦下来，打算让他们把这个伤者送到医院去。可是这个救护车上的一个医生却说他们要去救另外一个病人，不肯救这个男子。所以大家就和这个医生吵了起来。

依波尔探长马上对医生说：“你们还是赶快把这个病人送去医院吧，时间长了人就没命了！”医生没有办法，就招招手，车上又下来个医生，一起把伤者抱上担架，抬进了救护车，关上车门然后就开走了。

警车继续行驶，探长还在担心着刚才的那个伤员。那两个医生把他的头朝外抬上救护车，那伤员的头上还在流血，能否救活呢？忽然，探长一拍脑门，说道：“不好，马上掉头！追上那辆救护车！”

依波尔探长为什么要突然去追赶救护车呢？

培养指数：★★★☆☆

深夜的恐吓信

城中的一栋大楼在凌晨 1 点突然起火。浓烟是从 1012 房间冒出来的，消防员从房间里救出了中村，可是他的老师田丰却被烧死了。

经过法医鉴定，田丰是中毒身亡的，时间大概是 12 点。这就说明有人先杀害了田丰先生，然后又纵火制造假现场。警方经过调查得知，田丰因为和妻子研子闹离婚，半个月前搬到了乡下的家暂住。可是，他们夫妻二人因为财产问题一直没有达成离婚协议。清里警官觉得这个研子很可疑，就带人来到了研子的住所。

此时已经是凌晨 3 点了，画家研子还在进行创作。清里说明来意，研子说："我就知道你们会怀疑我。不过我也是受害者，我也收到了一封恐吓信。"说着就从抽屉里拿出了一封从邮局寄来的信，只见上面写着："我知道你是杀害田丰后又纵火的凶手，如果不想我报案，就于明天中午在市役所附近的地铁站出口见面，记得带上 300 万日元。还有，如果报警，你就死定了！"

清里看完后问道："起火时你在哪里？"

研子回答说："我一直在这里绘画。"

清里厉声说道："不，你就是那个凶手！"说着就让手下将研子带回警局。那么，清里警官是根据什么来判断研子就是杀人凶手的呢？

培养指数：★★★☆☆

无法实现的法令

古时候，一个国王非常赞成一夫多妻制，就颁布了这样一条法令：女人只要第一胎生的是男婴，就不能再生第二胎。按照这条法令，有些家庭就会有几个女孩和一个男孩，但是任何家庭都不会有一个以上的男孩。国王认为，如果坚决执行这条法令，用不了多久女性人口比例就会大大超过男性人口。

你认为这条法令可以实现他的初衷吗？

培养指数：★★☆☆☆

会说话的指示牌

篮球场、健身房和足球场是从教室通往宿舍的三个路过地点。一天，新生琪琪来到篮球场。看到一个指示牌，上面写着：“到健身房 400 米，到足球场 700 米”。她很受鼓舞，继续往前走。但当她走到健身房时，发现这里的指示牌上写着：“到篮球场 200 米，到足球场 300 米”。聪明的她知道肯定哪里出了问题，因为两个指示牌有矛盾的地方。她继续朝前走，不久到达足球场。这里的路标上写着：“到健身房 400 米，到篮球场 700 米”。琪琪感到困惑不解，她顺便询问一个过路的老师。

老师告诉她，沿途的这三个指示牌，其中一个写的都是假话，另一个写的都是真话，剩下的那一个写的一半是假话，一半是真话。

你能指出哪块指示牌写的都是真话，哪块指示牌写的都是假话，哪块指示牌写的一半是真话一半是假话吗？

培养指数：★★☆☆☆

巧取钥匙

一把钥匙放在书桌的抽屉里，在三个抽屉上各贴了一张纸条。

（1）左面抽屉的纸条上写着：钥匙在这里。

（2）中间抽屉的纸条上写着：钥匙不在这里。

（3）右面抽屉的纸条上写着：钥匙不在左右抽屉里。

三张纸条只有一句是真话，两句是假话。你能只打开一只抽屉就取出钥匙吗？

培养指数：★★☆☆☆

到底是星期几

如果今天的前 5 天是星期六的前 3 天，那么后天是星期几？你能猜出来吗？

培养指数：★★☆☆☆

A 是不是罪犯

某超级市场失窃，大量的商品在夜间被罪犯用汽车运走。三个嫌疑犯被警察局传讯。警察局已经掌握了以下事实：

（1）罪犯不在 A、B、C 三人之外；

（2）C 作案时总得有 A 做从犯；

（3）B 不会开车。

A 是否卷入了此案？

培养指数：★★☆☆☆

哪一项是真话

桌子上有四个杯子，每个杯子上都写着一句话：

第一个杯子：所有的杯子中都有水果糖。

第二个杯子：本杯中有苹果。

第三个杯子：本杯中没有巧克力。

第四个杯子：有些杯子中没有水果糖。

如果其中只有一句是真话，那么，以下各项中的哪一项为真话？

A. 所有的杯子中都有水果糖。

B. 所有的杯子中都没有水果糖。

C. 所有的杯子中都没有苹果。

D. 第三个杯子中有巧克力。

培养指数：★★★☆☆

谁偷走了台灯

一天，某超市的监控器坏了，但仍在正常营业，店长在巡视的时候发现一个台灯被偷了。警方经过缜密地调查，认为甲、乙和丙是怀疑对象。三个人在不同的时间分别受到警方的传讯，三个人各作了一条供词。具体如下：

（1）甲没有偷东西。

（2）乙说的是真话。

（3）丙在撒谎。

供词（1）是最先讲的，供词（2）（3）不一定是按讲话的时间先后顺序的，但它们都是针对在其前面所作的供词的。目前只知道，他们每个人作的一条供词，都是针对另一个怀疑对象，而且盗窃者就是他们其中的一个，他们作了伪证。

这三个人当中谁是盗窃者？

培养指数：★★★☆☆

小偷被偷

有一个职业小偷。一天，他溜到公交车上去作案，先偷了一位时髦小姐的钱包，又接连偷了一位西装革履的男子和一位白发苍苍的老太太的钱包。他兴高采烈地下了车，躲在角落里清点了一下，发现三个钱包里总共不过200元。接着他又惊叫起来，原来与这三个钱包放在一起的他自己的钱包不翼而飞了，那里面装着700多元呢！他口袋里还有一张纸条，上面写着：“让你这该死的小偷尝尝我的厉害，看看你偷到谁头上来了！”

猜猜看，那三个人中，究竟是谁偷了他的钱包呢？

培养指数：★★☆☆☆

如何穿戴

关于星期六下午观看棒球比赛时的穿戴，学校的男生宿舍楼前贴了一张规定：

（1）16岁以上的男生才能穿燕尾服。

（2）15岁以下的男生不准戴大礼帽。

（3）星期六下午观看棒球比赛的男生必须戴大礼帽或穿燕尾服，或者既戴大礼帽又穿燕尾服。

（4）带伴侣前来的或16岁以上的男生，或16岁以上的带伴侣前来的男生，不准穿毛衣。

（5）男生们一定不可以不看球赛和不穿毛衣，或者既不看球赛也不穿毛衣。

那么，星期六下午观看棒球比赛的男生们究竟该如何穿戴呢？

培养指数：★★☆☆☆

谁在说谎

一个瓜农一直非常精心地侍弄自己的西瓜地。一次，他患了很严重的病，不能到田里去了，可他放心不下地里的西瓜，于是让两个儿子去田里看看西瓜的长势。大儿子回来说："西瓜有碗口大小。"而小儿子却说："西瓜只有碗底那么大。"

过了8天，瓜农的病痊愈了，他到田里一看，发现西瓜果然有碗口那么大。

你知道当时两个儿子谁说了假话吗？

培养指数：★★☆☆☆

谁被隔离

某传染病流行时期，一个玩具生产厂中所有与该病患者接触过的人都被隔离了，所有被隔离的人都与小张接触过。

如果上述命题是真的，那么，以下哪项命题也是真的？

A. 小张是该病患者。

B. 小张不是该病患者。

C. 可能有人没有接触过该病患者，但接触过小张。

D. 所有的该病患者都与小张接触过。

E. 所有与小张接触过的人都被隔离了。

培养指数：★★☆☆☆

各自在做什么

兄弟四人去野炊，他们一个在烧水，一个在洗菜，一个在淘米，一个在担水。现在知道：老大不担水也不淘米，老二不洗菜也不担水，如果老大不洗菜，那么老四就不担水，老三既不担水也不淘米。

你知道他们各自在做什么吗？

培养指数：★★☆☆☆

一定在左边吗

你能分得清左和右吗？你可能觉得这么问有些多余，但有些时候人们不太能够分得清楚左和右的。比如说下面的这种情况：

小娟的左边是小娜，

小娜的左边是小美，

小美的左边是小芳，

小芳的左边是小莲。

小芳是不是一定在小娟的左边呢？

培养指数：★★☆☆☆

三个人的职位

格里、安尼塔和罗斯在一个公司分别任主席、董事长和秘书的职位，但不知谁的职位是什么。现在只知道，秘书是独生子女，挣钱最少。而罗斯与格里的兄弟结了婚，挣的钱比董事长多。

根据这些条件，你能说出他们分别任哪个职位吗？

培养指数：★★☆☆☆

天堂里的游戏

有个人死后来到天堂，天使领着他在天堂各处参观。他们来到高墙下，天使说："嘘——轻点。"

说完，他悄悄从旁边搬来一个长梯子。天使先爬上去，然后招手让那个人也爬上去。他们站在梯子的顶端向里面张望着。原来，这是一块被墙围起来的草地，草地的正中坐着七个少年。"他们在干什么？"那个人问。

天使说："到了天堂，他们志同道合，天天聚在一起玩智力游戏。今天，他们大概在猜帽子吧？"六个少年 A、B、C、D、E、F 按六边形围坐着，另一个少年 G 则用毛巾蒙着眼睛坐在当中。有人往每人头上戴一顶帽子，其中四顶白帽子，三顶黑帽子。由于 G 挡住了视线，六个少年都看不见自己正对面的人戴的是什么颜色的帽子。

现在，让 A、B、C、D、E、F 猜自己头上戴的帽子的颜色。智力游戏一开始，六个少年陷入沉思，一时都猜不出来。这时，坐在当中的 G 说："我猜到了，我戴的是白帽子。"

G 是如何推理的？

培养指数：★★★☆☆

几男几女

有这样一个家庭，其成员只有甲、乙、丙、丁、戊、巳、庚兄弟姐妹 7 人。在这 7 人中，只知道：

（1）甲有 3 个妹妹，

（2）乙有 1 个哥哥，

（3）丙是女的，她有 2 个妹妹，

（4）丁有 2 个弟弟，

（5）戊有 2 个姐姐，

（6）巳是女的，她和庚都没有妹妹。试问，你能根据以上这些条件判断出这个家庭中有几男几女？谁是男，谁是女吗？

培养指数：★★★☆☆

乌龟赛跑

有甲、乙、丙、丁 4 只乌龟，它们在本周进行了惯常赛跑。上一次比赛没有出现两只乌龟“并列第一”的情况，这次也一样。而且，上回的第一名不是丙。

4 只乌龟所言如下，在上次比赛中名次下降的乌龟撒谎了，名次没有下降的乌龟说了实话。

不巧的是它们的对话被兔子听到了。根据兔子的叙述，推测一下 4 只乌龟在上次和这次比赛中分别是第几名。

甲：“乙上次是第二名。”

乙：“丙这次是第二名。”

丙：“丁这次比上次位置上升了。”

丁：“甲这次名次上升了。”

培养指数：★★☆☆☆

真假标签

有 4 个瓶子分别装有白酒、啤酒、可乐、果汁，但是在装有果汁的瓶子上的标签是假的，其他的瓶子上的标签是真的。

甲瓶子上的标签是："乙瓶子里装的是白酒。"乙瓶子的标签是："丙瓶子里装的不是白酒。"丙瓶子的标签是："丁瓶子里装的全是可乐。"丁瓶子的标签是："这个标签是最后贴上的。"

每个瓶子里分别装的是什么东西呢？

培养指数：★★☆☆☆

最高成绩

"恭喜你们，"老师对进入办公室的三个学生说，"你们在这次语文、英语、物理考试中，取得了很好的成绩，并且你们三个各有一门成绩获得最高分，你们能猜测出来吗？"

甲想了想说："我语文考最高分。"乙说："丙考最高分的应该是物理。"丙说："我考最高分的不是英语。"

老师说："其实有一门考试，你们三个人中，有两个人考的分数是一样的，并且都是最高分，而且你们刚才的猜测中只有一个人是正确的，据此，你们能推理出各自的最高成绩是哪一门考试吗？"

培养指数：★★★☆☆

分辨矿石

老师让同学辨认一块矿石。甲同学说："这不是铁，也不是铜。"乙同学说："这不是铁，而是锡。"丙同学说："这不是锡，而是铁。"老师最后说："你们之中，有一人两个判断都对，另一个人的两个判断都错，还有一人的判断一对一错。"看看你的判断，这块矿石到底是什么？

培养指数：★★☆☆☆

性别游戏

有一群人在玩一个游戏，先在房中放五个屏风，每个屏风后面躲着一个人，分别标号为A、B、C、D、E。屏风后面的人可以互相看见。游戏者站在前面，躲在屏风后面的每个人递出一张纸条。外部的人根据这些纸条上的话判断每个屏风后面的人的性别。

按照约定，女生写的纸条上的话是假话，男生写的纸条上的话是真话。

这一轮递出的纸条上的话是这样的：

A的纸条写着："C认为：我们五个人中，只有一个是女生。"

B的纸条写着："E认为：我们五个人中，只有两个是女生。"

C的纸条写着："D认为：我们五个人都是男生。"

D的纸条写着："A和B是女生。"

E的纸条写着："C是女生，另外A承认过自己是女生。"

据此，你能判断他们的性别吗？

培养指数：★★★☆☆

额头上写了什么

在某年夏天，有三位学者坐在树林的草坪上讨论哲学问题，由于天气酷热，于是他们就躺在树荫下休息，过不多久就都睡着了。

这时，有一个爱开玩笑的人来到草坪，用墨笔在他们的前额上分别写了一个“王”字。

他们醒来的时候，你望着我，我望着你，都哈哈大笑起来，谁也没恼怒，而且都是两人朝一人笑。

突然一位学者停止了笑，他理解到自己的前额上写了些什么。

他是怎样断定的？

培养指数：★★★☆☆

到底中了几枪

一天夜晚，住在某个旅馆里的一位空姐被人枪杀。

凶手是从30米外的对面的屋顶用无声手枪射中她的。窗户是关着的，窗子上有一个弹洞。从这一迹象来看，凶手只开了一枪。但奇怪的是，被害者的胸部和腿部都中弹了，大腿被子弹射穿，胸部也留有子弹。这样看来，凶手好像开了两枪。如果凶手开了两枪，那么另外一颗子弹是从哪里射入被害人的房间的呢？这颗子弹又在哪里呢？

大家无法回答，于是去请教大胡子探长。大胡子探长肯定地回答说：“只中了一枪。”

那么，大胡子探长为什么这么说呢？

培养指数：★★☆☆☆

撒谎的女人

霍米先生是一名经过专业训练的刑警。基于他出色的表现，上司让他去欧洲免费度假。一天，他在海滩上享受完日光浴后回到了宾馆。正在这时，从走廊传来女人的呼救声。他循声找去，在213房间门前站着一位年轻妇女在哭喊着。从开着的门看到房间里一个男人倒在安乐椅上。霍米对尸体做了简单检查后，确认此人刚死，子弹穿入心脏。

当地警署也派人来了。那位年轻妇女边哭边说："几分钟前，听到有人敲门。我打开门时，门外有一个戴面具的人，朝我丈夫开了枪，把枪扔进房间就跑了。"地毯上有一支装着消音器的手枪，左侧两个弹壳相距不远，在死者身后的墙上有一个弹洞。

霍米告诉警署人员："把这位太太带回去讯问。"

霍米为什么对死者的妻子产生了怀疑呢？

培养指数：★★☆☆☆

煤矿事故的原因

某煤矿发生了一起事故。现场的矿工议论纷纷：

矿工甲："发生事故的原因是设备问题。"

矿工乙："发生事故的原因不是设备问题，是有人违反了操作规范。"

矿工丙："如果发生事故的原因是设备问题，则有人违反了操作规范。"

矿工丁："发生事故的原因是设备问题，并没有人违反操作规范。"

如果以上4人中只有一个人的话为真，则以下哪项可能为真？

A. 矿工甲的话为真。

B. 矿工乙的话为真。

C. 矿工丙的话为真，有人违反了操作规范。

D. 矿工丁的话为真，没有人违反操作规范。

培养指数：★★★☆☆

阳台上的凶杀案

新一届的奥运会就要举办了，住在体育公寓的运动员也在抓紧练习。萨马是国家体操运动员，曾经两次得到世界冠军，所以这次的奥运会，大家都对他期望很大。

周日，萨马很早就起床了。他住在公寓的 5 楼，有一个很大的阳台，阳台一角放着运动器械。他来到阳台上，压压腿，做些倒立。对面阳台上，有个小朋友看得直叫好，可是就在这时，只听见“砰”的一声，萨马就倒在阳台上不动了。

马里探长闻讯赶来。他检查了尸体，发现子弹是从背后射入的。有一颗弹头嵌在阳台的地板上，和死者的伤口完全吻合。探长捡起弹头，仔细辨认了一下，发现这是专门用于射击比赛的子弹。

经过进一步调查，得知这栋楼的 2 楼住着一个射击运动员叫山姆，就对他进行了调查。山姆生气地说：“你们这是在怀疑我？看看，子弹是从他后背进去，下腹出来的。显然凶手是从上面向下射击，可是我是住在 2 楼，怎么可能呢？”经过对山姆周围邻居的调查，证实早上山姆确实没有出门，那么凶手会是谁呢？

马里探长想了想，心中有了答案。那么，你知道凶手是谁吗？

培养指数：★★★☆☆

走错房间的窃贼

夏威夷是一个美丽的地方，每年来这里度假旅游的人络绎不绝。

多里警长今年也来这里度假，他住在海边一家四层楼的宾馆里。这家宾馆三、四两层全是单人间，他住在 4N 房。

这天，游玩了一天的多里草草吃了晚餐便回到房间，想洗个热水澡，早点休息。正当他走进浴室准备放水时，听到了“笃笃”的敲门声，多里以为是敲别人的房门，没有理会。一会儿一位陌生的小伙子推开房门，悄悄走了进来。原来多里的房门没有锁好。

小伙子看到多里后有些惊慌，但很快反应过来，彬彬有礼地说："对不起！我走错房间了，我住 304。"说着他摊开手中的钥匙让多里看，以证明他没有说谎。多里笑了笑说："没关系，这是常有的事儿。"

小伙子走后，多里马上给宾馆保安部打电话："请立即搜查 304 房的客人，他正在四楼作案。"保安人员迅速赶到四楼，抓到了正在行窃的那个小伙子，并从他身上和房间里搜出了首饰、皮包、证件、大笔现钞和他自己配制的钥匙。

保安人员不解地问多里："警长先生，你怎么知道他是窃贼呢？"

你知道这是怎么回事吗？

培养指数：★★☆☆☆

撒谎的猫

有三只猫（白猫、黑猫、花猫）在美丽的小溪中捉鱼，每只猫都捉到了 1～3 条鱼不等，即它们可能各捉到一条，也可能各捉到不同数量的鱼。回来的路上，三只猫说了下面的话，关于比自己捉鱼多的一方说的话就是假的，此外的话都是真的。

白猫："黑猫捉到了两条鱼。"

黑猫："花猫捉到的不是两条鱼。"

花猫："白猫捉到的不是一条鱼。"

它们各自捉了多少条鱼？

培养指数：★★☆☆☆

兔子的谎言

有四只兔子，年龄从 1 岁到 4 岁各不相同。它们中有两只说话了，无论谁说话，如果说的是关于比它大的兔子的话都是假话，说比它小的话都是真话。兔子甲说："兔子乙 3 岁。"兔子丙说："兔子甲不是 1 岁。"

你能知道这四只兔子分别是几岁吗？

培养指数：★★☆☆☆

三张扑克牌

桌子上有三张扑克牌，排成一行。现在，我们已经知道：

（1）K 右边的两张牌中至少有一张是 A。

（2）A 左边的两张牌中也有一张是 A。

（3）方块左边的两张牌中至少有一张是红桃。

（4）红桃右边的两张牌中也有一张是红桃。

这三张是什么牌？

培养指数：★★☆☆☆

发卡的颜色

老师拿来 3 个红发卡和 2 个紫发卡，他让三位女孩站成一个三角形，叫她们闭上眼，然后分别给她们各戴上一个红发卡，将两个紫发卡藏起。然后老师说，可以睁开眼了。这时，丙可以看到甲、乙头上的发卡，乙可以看到甲、丙头上的发卡，甲也可以看到乙、丙头上的发卡。

那么，二人能否推断出自己头上戴的发卡的颜色？

培养指数：★★☆☆☆

身后的彩旗

甲、乙、丙、丁 4 人坐在一张方桌的四面，每人身后放着一面彩旗，红色或黄色的，他们都能看到别人身后的彩旗，但看不到自己身后的彩旗，丁问：“你们每人看到了什么颜色的彩旗？”甲说：“我看到了 3 面黄色的彩旗。”

乙说："我看到了一面红色的彩旗和两面黄色的彩旗。"丙说："我看到了 3 面红旗。"

这三个人的回答中，身后放黄色彩旗的人说了假话，而身后放红色彩旗的人说了真话。试问，谁的身后有红旗？

培养指数：★★★☆☆

科学家理发

一位科学家来到一个小镇，他发现镇上只有两位理发师，每人各有自己的理发店。科学家需要理发，于是他先察看了一家理发店，一眼就看出它非常脏，理发师本人衣着不整，而且头发凌乱，这说明这个理发师理得很蹩脚。再看另一家理发店，店面崭新，理发师的胡子刚刮过，而且头发修剪得非常好。科学家稍作思考，便返回了第一家理发店。这是为什么呢？

培养指数：★★☆☆☆

各自有两个男孩的概率

一个女人和一个男人各自有两个孩子。

女人的孩子中至少有一个是男孩。

男人的孩子中那个年纪大一点的是男孩。

请问女人和男人各自有两个男孩的概率相等吗？

培养指数：★★★☆☆

魔球里的钻石

五个魔球里分别装有红、绿、黄、黑、蓝五种颜色的钻石。博士让 A、B、C、D、E 五个人猜测魔球里钻石的颜色，猜中了就把里面的钻石奖给他。

A 说：第二个魔球是蓝色，第三个魔球是黑色。

B 说：第二个魔球是绿色，第四个魔球是红色。

C 说：第一个魔球是红色，第五个魔球是黄色。

D 说：第三个魔球是绿色，第四个魔球是黄色。

E 说：第二个魔球是黑色，第五个魔球是蓝色。

答案揭晓后，五个人都猜对了一个，且每人猜对的颜色都不同。

请问：每个魔球里分别装了什么颜色的钻石？

培养指数：★★☆☆☆

说谎的男子

因供电局更换照明电缆，好几幢公寓都在晚 8 点至 11 点停电。

这天晚上，盲人中心的经理妮可 9 点多才回到公寓，并走楼梯回家。第二天，人们在楼梯上发现了她的尸体，她手里攥着皮包的带子，却不见皮包，显然这是一宗杀人抢劫案。

警察赶到现场调查。据公寓管理员回忆，当时还有同楼的另一男子与妮可差不多同时间上楼。警方立刻招来那名男子讯问。那名男子说："我当时确实和妮可同时上楼梯，我看见她是盲人，行动不方便，所以还扶着她上楼梯，到了她住的那层我才走。"管理员听那男子说完后，大声地说："他在说谎，妮可小姐是他杀的。"

管理员是怎么知道那男子在说谎呢？

培养指数：★★☆☆☆

法官审案

法院开庭审理一起盗窃案件，某地的甲、乙、丁三人被押上法庭。负责审理这个案件的法官是这样想的：肯提供真实情况的不可能是盗窃犯，真正的盗窃犯为了掩盖罪行，一定会编造口供。因此，他得出了这样的结论：说真话的肯定不是盗窃犯，说假话的肯定就是盗窃犯。审判的结果也证明了法官的这个想法是正确的。

法官先问甲："你是怎样进行盗窃的？从实招来！"甲回答了法官的问题："叽里咕噜……"甲讲的是某地的方言，法官根本听不懂他讲的是什么意思．法官又问乙和丁："刚才甲是怎样回答我的提问的？叽里咕噜，是什么意思？"乙说："禀告法官，甲的意思是说，他不是盗窃犯。"丁说："禀告法官，甲刚才已经招供了，他承认自己就是盗窃犯。"乙和丁说的话法官是能听懂的。听了乙和丁的话之后，这位法官马上断定：乙无罪，丁是盗窃犯。

这位聪明的法官为什么能根据乙和丁的回答，做出这样的判断？甲到底是不是盗窃犯？

培养指数：★★★☆☆

牛顿破案

牛顿在剑桥读书时，有天晚上，马西教授请工友送一张字条给他，上面写着："上个月伦敦西敏寺教堂发生的国王宝石失窃案件，我已经调查出了一些线索，希望你明天早上到我宿舍来，帮助我推理，宿舍是教授大楼第102号房。"马西教授是一位留有大胡子的老先生，英国历史学家，也是西敏寺教堂宝物展览室的顾问。

第二天早上，牛顿赶到102房间，却见到床上睡着马西教授年轻的助手。他有一张洁白光滑的脸，好像很爱干净。助手说："我有一个仇人要杀我，听说昨天已经到大学找过我。我把这件事情告诉了马西教授，他提议我们交换房间。我原来住在隔壁的103号房，马西教授现在应该在我的房间里。"

牛顿听了就走到103号房，只见门锁已经被扭坏，留着大胡子的马西教授已经死在床上，是被人用手勒死的，喉部还有凶手留下的痕迹。助手见状，很悲伤地说："一定是仇人不知道我们的房间，黑暗中把马西教授当作是我，因而害死了他。"牛顿说："别胡说，杀害马西教授的凶手就是你！"

你知道牛顿是如何推理的吗？

培养指数：★★★☆☆

福尔摩斯断案（一）

英国的茶叶商亚当·布朗在印度奔波几十年，赚了一大笔钱，回国前他用这笔钱买了许多珠宝装在一只精致的皮箱里。当他于 7 月乘商船回到英国后，发现以前的仇人在跟踪自己。看来决斗是在所难免了。布朗趁仇人跟踪间歇，把珠宝箱藏了起来，打算留给自己的儿女们。

正当他想法通知家里人时，仇人逼到了眼前，两人进行了一番生死的搏斗。仇人被杀死了。但布朗也身负重伤。临死前，布朗用自己的血，在附近的墙上写下了一行模糊的字，其中只能看到“珠宝箱在无名塔顶……处，于下午 3 点时拿取”，别的字已无法辨认。

第二天，伦敦警察局发现了布朗的遗体，并找来了他的儿女们。布朗的儿女们和警察一起来到无名塔，准备拿取珠宝箱。可是到了无名塔以后，全傻了眼。因为无名塔由石质底座、金属中柱以及一个镀金金属球顶部三部分组成。显然，把珠宝箱藏在金属球上是根本不可能的。那么，珠宝箱在哪儿呢？谁也想不出来。

最后，他们去请教私人侦探福尔摩斯，福尔摩斯看了布朗的遗书，观察了无名塔现场，很快就找到了珠宝箱，而且完全是按照布朗指示的线索。

你知道珠宝箱藏在哪儿吗？

培养指数：★★★☆☆

福尔摩斯断案（二）

大侦探家福尔摩斯到森林中打猎，见天色晚了，便在空地上支起帐篷，准备宿营。

忽然一个年轻人跑来告诉福尔摩斯，他的朋友卡特被人杀害了。福尔摩斯问他叫什么，他说：“我叫菲尔特。一小时前，我和卡特正准备喝咖啡，突然从树林里冲出两个大汉，将我们捆了起来，还把我打昏了，等我醒来一看，卡特已经……”

福尔摩斯听完后，拍拍菲尔特的肩膀："走，一起去看看。"便跟着菲尔特来到了案发地点。卡特的尸体倒在火堆旁，两条绳子散乱地扔在卡特的脚下，旁边的帆布包被翻得乱七八糟。福尔摩斯俯下身，见卡特的血已经凝固，断定是一小时以前死亡的，凶手是用钝器击碎颅骨才使他丧命的。

他的目光又回到火堆上，火烧得很旺，黑色咖啡壶在发出"嘶嘶"的声响，刚刚烧沸的咖啡从锅里溢到锅外，发出迷人的香气，滴落在还没烧透的木炭上。

福尔摩斯默默地站了一会儿，突然掏出手枪对准菲尔特说："别演戏了，老实交代吧！"

福尔摩斯是如何知道菲尔特是杀人凶手的？

培养指数：★★★☆☆

编辑值班表

某报社编辑部共有四个编辑，分别负责新闻、经济、文化、体育版。他们的值班时间安排是：

新闻：周一上午，周二、周四全天。

经济：周三上午，周四下午，周五全天。

文化：周一全天，周二下午，周三上午。

体育：周一下午，周二上午，周三全天。

请问：

（1）假如经济编辑只有在其他编辑累计都至少值班了一个整天后才值班，那么他最早要在哪一天才开始值班？

（2）编辑部规定，必须要有一个编辑必须单独值班一整天，以便检查工作。那么在每个编辑都不能改变自己的值班时间安排的情况下，哪一个编辑可以承担这项工作？

培养指数：★★★☆☆

数学讲师的难题

英国剑桥大学数学讲师卡洛尔曾出了下面这道题目来测验他的学生的逻

辑思维能力。题目是这样：

（1）教室里标有日期的信都是用粉色纸写的。

（2）丽萨写的信都是以“亲爱的”开头的。

（3）除了约翰外没有人用黑墨水写信。

（4）皮特没有收藏他可以看到的信。

（5）只有一页信纸的信中，都标明了日期。

（6）未作标记的信都是用黑墨水写的。

（7）用粉色纸写的信都收藏起来了。

（8）一页以上的信纸的信中，没有一封是做标记的。

（9）约翰没有写一封以“亲爱的”开头的信。

根据以上信息，判断皮特是否可以看到丽萨写的信。

培养指数：★★☆☆☆

实弹射击

军训最后一天，A 班学生进行了实弹射击。射击结束后，几位教官谈论起 A 班学生的射击成绩来。

王教官说：“这次军训时间太短了。这个班里没有一个人的射击成绩会是‘优秀’。”

李教官说：“不会吧？有几个人以前受过训练，他们的射击成绩应该是‘优秀’。”

赵教官说：“我看班长或者体育委员能打出得‘优秀’的成绩。”

A 班的射击成绩单表明：只有一位教官说对了。

由以上条件可以推知以下哪一项肯定为真？

A. 班里所有人的射击成绩都是“优秀”。

B. 班里有些人的射击成绩是“优秀”。

C. 班长的射击成绩是“优秀”。

D. 体育委员的射击成绩不是“优秀”。

培养指数：★★★☆☆

小球的重量

用天平称甲、乙、丙、丁四个重量不一的小球。当天平的一端放上甲、乙，另一端放上丙、丁时，天平恰好达到平衡；将乙和丁互换位置后，甲、丁一端高于乙、丙一端；当天平一端放上甲、丙，另一端刚放上乙时，天平就倒向了乙的一端。

请问：这四个小球的重量顺序是什么？

培养指数：★★★☆☆

旅馆安排

上个月，A、B、C、D 四人分别在不同的时间入住海边的同一家休闲旅馆，又分别在不同的时间退了房。他们四人住旅馆的时间之和是 20 天。

根据以下条件，你能写出四人分别是哪天人住、哪天离开的吗？

(1) 住宿时间最短的是 A、最长的是 D。B 和 C 的住宿时间长度相同。

(2) D 不是 8 日那天离开的。

(3) D 入住的时候，C 已经住在那里了。

(4) 四人的人住时间：1 日、2 日、3 日、4 日。离开时间：5 日、6 日、7 日、8 日。

	入　住	离　开
A		
B		
C		
D		

培养指数：★★★☆☆

猜星期几

A、B、C、D、E、F、G 七个人就“今天是星期几”这个问题展开争论。

A：“后天是星期三。”

B：“不对，今天是星期三。”

C：“你们都错了，明天是星期三。”

D：“胡说！今天既不是星期一，也不是星期二，更不是星期三。”

E：“我确信昨天是星期四。”

F：“不对，你弄颠倒了，明天是星期四。”

G：“不管怎么说，反正昨天不是星期六。”

实际上，这七个人中只有一个人说对了。

请问：说对的是谁？今天究竟是星期几？

培养指数：★★★☆☆

最多有几人

假设以下关于 M 城居民的说法都是事实：

（1）没有两个居民的头发数量正好一样多。

（2）没有一个居民的头发正好是 518 根。

（3）居民的总数比任何一个居民的头发数量都要大。

请问：M 城居民的总数最多不可能超过多少人？

培养指数：★★★☆☆

沙滩上的尸体

在海边沙滩上，发生了一桩离奇的命案，死者是黑社会某帮派老大。本来，像死者这样的人应该有保镖跟随，但在案发当日，死者却想独自享受日光浴，因此把保镖支开，想不到就出事了。

当莫斯探长赶到现场侦察时，发现死者是在沙滩上被人用太阳伞尖刺毙的，沙滩上除了保镖的足迹和那些东倒西歪的桌椅外，再也找不到第二个人的足迹（包括被害者的在内）。据调查保镖是不可能杀害老大的，那凶手是怎样逃走的呢？

探长沉思了一会儿后说："我知道谁是凶手了。"

试着推理一下探长是如何只晓得。

培养指数：★★★☆☆

抛尸现场

一个星期日的早上，在铁路急转弯处的路基下，有人发现一具年轻女子的尸体。死亡时间推定在头天晚上 10 点左右，她是被人用领带勒死的。

不久，通过侦查发现了嫌疑人。此人居住在距现场约 5 万米远的 K 市。警方将其逮捕进行了审讯，但此人说他从星期六晚上 8 点至星期日白天一直在 K 市，不具备作案时间，又因为没有搬运尸体的同案犯，所以警方只好将此人释放，案件的侦查陷入迷宫。

但是，当格林探长为寻找线索徒步去 K 市时，无意中看到了一样东西，当即识破了凶手的诡计，再次将那名嫌疑犯逮捕。嫌疑犯无法抵赖，只好交代了罪行。

你知道怎么回事吗？

培养指数：★★★☆☆

教练的疑点

某日深夜，游泳馆外的路上发生一起拦路抢劫杀人案，正巧被游泳馆内跳水队的教练目睹。

这位教练是退役的跳水运动员，他称案发现场离他住宿的房间阳台约 50 米，当时他正巧站在阳台上，他看见凶手是个理小平头的青年，月光下可看到青年右眼眼睑有一道疤痕。

于是，游泳馆附近有相似特征的青年王涛被传讯，并在秘密搜查时起获一把与受害人伤口相吻合的大号弹簧刀，可王涛坚决不承认做过此案。

久审不下之后，侦察员对教练的证词重新进行了研究，终于恍然大悟，原来教练才是真正的凶手。

侦察员发现了教练的什么疑点？

培养指数：★★★☆☆

证言的侦破

在伦敦开往伯明翰的列车上，500 万元待销毁的旧纸币被抢劫一空。案发时间在半夜 2 点左右。负责押运的安全员托尼头被打破，脸被划伤。经验丰富的唐纳警官奉命登上了列车。在案发的第四节 8 号包厢里，除发现两支吸了一半的香烟外，再没有其他任何可疑迹象。

唐纳询问案发时的情况，托尼说："我从登上列车就没跨出包厢的门，饭和水都是列车员送来的。后半夜 2 点左右，忽然有两个人闯了进来，他们一高一矮，戴着面具，只露出眼睛。他们手上戴着手套，没等我开口，那个高个子就一拳把我打倒在地，用枪抵住我，临走时又将我打昏。等我醒来时，发现钱箱不见了。我立刻高声大喊，向列车长报了警。"

唐纳听完之后，拿起那两个烟头问道："这是你抽的吗？"

"不，是他们抽的。他俩进来时每人嘴里叼着一支香烟。"

"很好！这两只烟头会给捉拿案犯提供有力证据。"唐纳说完又问道："那么你脸上的划伤是怎么回事？"托尼答道："这是高个子强盗打我时他手上的戒指划破的。"

唐纳听完，立刻将托尼抓了起来，并说出了原因，托尼只得乖乖地低下头。

唐纳认定托尼就是劫匪的依据是什么？

培养指数：★★★☆☆

失窃的海洛因

一家综合医院里，深夜，罪犯潜入药房，从药品柜里盗走了一大瓶只贴着化学式标签的海洛因。当时因被保安人员发现，所以罪犯用匕首刺死保安人员后逃走了。

经调查，找出两个嫌疑人：一个是刚来医院不久的实习医生，另一个是前几天才进医院的患者，是个青年农民。后者是在下地干活时遭到老虎袭击负伤住院的。

作案现场的药品柜里摆着许多药瓶子，但罪犯只拿走了装着海洛因的瓶子。

试问，罪犯是谁呢？

培养指数：★★★☆☆

密室作案

在英国伦敦的 A 公园里，有一个日本式的庭院，里面建有一些日本古老的民居。

一天，庭院的管理人员被人发现倒毙在其中一间的卧室中（日本式的房屋）。死者是背部中刀而死亡的。当时，他显然正在这间屋子内睡觉，在睡梦中被人杀死。令警方十分奇怪的是，死者的尸体被发现时，屋子内的所有门窗都是被锁上的，在外面根本不可能进入，而凶手在杀人后，又是怎样逃走的呢？

警察为此十分伤脑筋，特地请来一位日本古老建筑专家协助调查。这位日本古老建筑专家来到现场以后，观察了一会儿，即说道："犯人是一个十分熟悉日本建筑的人，他充分利用日本古老建筑的特点作案。"

那么，犯人究竟是如何逃走的呢？

培养指数：★★★☆☆

不可靠的预测

人工智能专家发明了一个预测机，任何一个人都可以问它：一小时之中会不会发生某件事。如果预测机预知这件事会发生，就亮绿灯，表示“会”；如果亮红灯，就表示“不会”。这个机器一经推出受到很多人的欢迎，特别是警察局的警员，因为这样可以减轻他们的工作任务，只有局长不高兴，因为他知道预测机根本就不可靠，用一句话就可以验证。

那么，你知道局长想到了一句什么话吗？

培养指数：★★★☆☆

真的没有时间吗

一个人经常抱怨没有学习时间。有一次他又对朋友说：“你知道吗？我的时间太紧张了，以至于我没有学习的时间。你看，我每天要睡 8 个小时，这样一年的睡眠时间就是 122 天。我们寒假和暑假加起来又有 60 天。我们每星期休息 2 天，那么一年又要休息 104 天。我每天吃饭还要 3 个小时，那么一年就需要 46 天。我每天从学校到家走路共需要 2 个小时，这些又有 30 天。你看看，所有的这些加起来有 362 天了。”他停了一下说：“我一年只有 4 天的时间学习，那能有什么成绩呢！”你知道这个人错误的地方吗？

培养指数：★★★☆☆

有几个天使

一个旅行者遇到 3 个美女，他不知道哪个是天使，哪个是魔鬼。天使常常说真话，魔鬼只说假话。

甲说：“在乙和丙之间，至少有一个是天使。”

乙说：“在丙和甲之间，至少有一个是魔鬼。”

丙说："我告诉你正确的消息吧。"

你能判断出有几个天使吗？

培养指数：★★★☆☆

是非判断

有 7 道判断题，答案为"是"或者"非"。A、B、C3 个人同时回答这 7 个问题，3 人的答案如图表所示：

	1	2	3	4	5	6	7
A	非	非	是	非	非	非	是
B	是	非	非	非	非	是	非
C	是	是	是	是	非	是	是

与正确答案相比较，3 个人都答对 5 道题，答错 2 道。

请问：这 7 道判断题的正确答案是什么？

培养指数：★★★☆☆

电影导演

有一年，儿童故事片的摄制获得大丰收。于是有关部门决定举办当年儿童故事片的评奖活动。结果，甲电影制片厂拍摄的《黄色帐篷》、乙电影制片厂拍摄的《孙猴子外传》、丙电影制片厂拍摄的《白衣少年》获得最佳儿童故事片奖。

评奖结束后，这 3 部片子的导演在一起举行记者招待会。甲厂的导演开口就说："真是巧得很，我们 3 个导演的姓分别是片名的第一字，但我们每个人的姓同自己所拍片子的片名的第一个字又不一样。"这时，他旁边的孙导演笑起来说；"真是这样！"接着，一个 10 岁的小记者站起来问甲厂的导演：

“那么，导演叔叔，你姓什么呢？”导演风趣地说：“记者同志，你猜猜看，反正我不姓孙。”接着，又引来一串笑声。

请问，这 3 部片子的导演各姓什么？

培养指数：★★★☆☆

公主的婚姻

很久以前，贝德兰国王有一个公主叫格莱特，生得既聪明又美丽。

公主长大后，慕名来向她求婚的公子王孙络绎不绝。格莱特就提出一个条件：求婚者谁能提出问题难住她，她就嫁给谁。这些求婚的公子王孙提出了许多稀奇古怪的问题，公主都对答如流，使王子们一个个都乘兴而来，败兴而归。

有个叫布拉达的王子知道此事后，也来到王宫，他很恳切地对格莱特公主说：“请问公主，为了使您成为我的王后，我应该提什么问题才能难倒你呢？”格莱特公主听了这段问话后，微微一笑，立即应允了婚事，兑现诺言。

你知道这是为什么吗？

培养指数：★★★☆☆

医院杀人案

一天早晨，住在 3 楼单人病房的一名男患者死在病床上，但不是病死的，而是胸部被刺了一刀致死的。凶器匕首被从窗户扔到院子里。但也许是怕留下指纹的缘故，刀柄上胡乱缠着绷带，而且不知为什么刀柄上爬满了蚂蚁。

由于是深夜作的案，所以大家一致认为是住院的患者所为，经调查，找出以下 3 名嫌疑犯：

4 号病房的肠扭结患者

7 号病房的糖尿病患者

18 号病房的肾炎病患者

警方在询问了护士之后，果断地说："那么，凶手就是这个病人。"当即指出了凶手。

请问，是几号病房的患者？

培养指数：★★★☆☆

车牌号码

午夜，正在上夜班的出租车司机从后视镜中目睹了一桩惨剧——一个人被一辆疾驰而过的豪华跑车撞飞，然后重重地跌在地上，跑车司机迟疑了一下，猛然加速逃离了现场。

出租车司机连忙报警，并且把他记下的车牌号码"18UA01"交给警察。

警方立刻组织人手调查牌号为"18UA01"的车主。奇怪的是，在警方的档案中，这是一辆巨大的载重货车，而且有人证明，发生事故的时候它正在百里以外的地方运货。

出租车司机坚信自己既没有看错，也没有记错肇事车辆的号牌。那么警方的调查该如何解释？真正的肇事者是谁呢？

培养指数：★★★☆☆

玫瑰花瓣

警察正向探长汇报案情："今天早上，卖花的小贩打电话报警，说每个星期五晚上都要买 11 朵粉红色玫瑰的海伦女士这个星期不见了。那小贩担心出事。根据我们的检查，海伦女士是先锁上了门窗，然后坐在床上向自己开了枪。她向自己的右侧倒了下去，手枪掉到了地毯上，开门的钥匙在她的背心口袋里。"

"她买的那些玫瑰怎么样了？"探长问道。

"它们都被装在一个花瓶里，花瓶放在狭窄的窗台上，只剩下花茎了。另外据我们分析，海伦女士死了至少已有 9 天。"

“地板上铺了地毯吗?”

“是的，铺满了地毯。”

“在地板、窗台或者地毯上有没有发现血迹?”

“没有，只有一点灰尘，没有别的东西，只有床上有血迹。”

“如此说来，你最好派人来检查一下地毯上的血迹。有人配了一把房间的钥匙，他开门进去，打死了站在窗边的海伦女士。然后，凶手打扫清洗了所有的血迹，再把尸体挪到床上，使人看上去像自杀。”

请问，探长为什么如此推断。

培养指数：★★★☆☆

鞋印断案

一位著名的画家被人杀害在工作室里，嫌疑人是画家的两个助手。男助手和画家有经济纠纷，女助手和画家有暧昧关系，两个人都有作案动机。因为两名助手都住在工作室的楼上，所以也增加了他们作案的可能。

经过现场勘查，除了死者的痕迹以外，只发现了男助手的鞋印，此外再没有其他有价值的痕迹，于是警方拘捕了男助手。根据男助手的交代，这双鞋是他 3 个月前买的，以后每天都穿着。可是案发当天晚上，有人证明他不在现场，所以他是清白的。

女助手虽然也有嫌疑，但是她没有可能偷走男助手的鞋子，嫁祸于他。因为案发的时候男助手正穿着那双鞋。

那么，凶手到底是谁？作案的手段又是什么呢 7

培养指数：★★★☆☆

牛奶断案

甄妮小姐是一位首饰设计师，她带着新设计的钻石项链，应邀参加一个首饰博览会，下榻在组委会安排的豪华饭店里。

第二天一早，甄妮小姐报警说她的钻石项链不见了。警方赶忙来到饭店。甄妮小姐说："我打电话让饭店送一杯牛奶上来，然后就去盥洗室刷牙。我突然听见门边一声惊叫，接着是扑通一声。等我跑进门厅，就看见服务员倒在地毯上，满头是血。我急忙去卧室拿枕巾帮他止血。到房门口时，我就觉得有些不对头，回头一看，才发现床头柜上空空荡荡的，装着项链的手提箱不见了。这次损失大了，我还没有给项链上保险呢。"

警察又询问了受伤的服务员，他说："刚才，我给甄妮小姐送来一杯热牛奶。可当我刚跨进房间，就觉得耳边一阵风，没等我回头，头上就被砸了一下，顿时栽倒在地，恍惚间好像看见一个蒙面歹徒，拿着一个手提箱逃走了。"

警察看着床头柜上的那杯牛奶，对服务员说："你还是把你的同伙和甄妮小姐的手提箱交出来吧！"

请问，警察为什么这样说呢？

培养指数：★★★☆☆

答案及解析

金笔指证

虽然巴尼特声称他不知道吕倍卡·兰恩被谋杀之事，但他却知道杀人现场。如果他是无辜的，他就应该到第三大街吕倍卡的新居寻找金笔。

烟头作证

是那个业务员。如果是画家的老朋友，就没有必要在门口把烟弄灭了。

蚂蚁证人

蚂蚁爱找含糖的东西。死者是被含糖的汽水瓶打死的，身上溅满了甜水，招来了蚂蚁。而被捉的青年的汽水瓶上没有蚂蚁，说明这瓶汽水不含糖，也就不是杀人凶器。罪犯拾来一个汽水瓶，意在转移警方的视线。

项链暗示

凶手是和尚。项链就是暗示和尚的念珠。

排除嫌疑

当父亲为O型血，母亲为AB型血时，吉卡的血型只能为A型或B型。所以，他不是凶手，凶手另有其人。

杀人浴缸

思维定式是侦探最大的敌人。在海水中溺死是一条重要的线索，同时它也在暗示警察案发地点是在海边。而特里拥有不可能作案的时间证据。

实际上，如果仔细思索一下，并不是被海水溺死就一定发生在海边。如果有足够多的海水的话，在浴缸里同样也能作案，然后放掉海水，装满淡水。这只需要10分钟就足够了。

情报电话

福特在打电话时做了点手脚。在通话时，他一讲到无关紧要的话，就用手掌心捂紧话筒，不让对方听到。而讲到关键的话时，就松开手。

这样，家人就收到了这么一段“间歇式”的情报电话：“我是福特……现在……金冠大酒店……和坏人……在一起……请您……快……赶来……”

故布疑阵

回到门口时，菲利普是“跨过他叔叔的身体”的。那么，在他去开灯时，他肯定也要跨过他叔叔的身体才行。但是，只有当他事先知道他叔叔已经横卧在地板上时，才有可能在伸手不见五指的黑暗中去开灯而不被绊倒。

伪造的遗书

刑警看到小鸟还在笼子里便断定是他杀的，因为既然死者是爱鸟协会的会长，在自杀之前应该会将小鸟放飞，给它们自由。爱鸟的人对小鸟的爱要超出常人一倍，而把它们关在笼子里自杀是不可想象的。

伪造的相片

按照骑术的要求，从右侧上马是不对的。吉拉为了把上午10点改成下午2点，就故意将底片翻过来洗，但是却忽略了马的位置。

密室人命案

罪犯从破玻璃洞口伸进手枪开枪打死头目，随后将手枪扔进室内逃跑了。罪犯当时还将几只蜘蛛放在窗台上，其中一只蜘蛛在天亮时又拉了一张网，使房间像个密室，并且凶器又在室内，造成了罪犯在室内开枪自杀的假象。

自杀的玄机

年轻人终于明白，原来缠住自己的，是女友的头发。所以他很后悔，于是自杀了。

白纸遗嘱

其实，简的妻子为了保住遗产，故意把没有墨水的钢笔递给简。由于库尔和简都是盲人，自然也就没有发现，没有字的白纸最终被当成遗书保存下来。

可是，虽然没有字迹，但钢笔划过白纸留下的笔迹仍然存在。如果仔细鉴定是可以分辨出来的。所以遗嘱仍然有效。

十三朵玫瑰

放在窗台上花瓶中的13朵玫瑰，在房间里搁了两个星期后早已枯萎凋谢，窗台、地板和地毯上应该找得到落下的花瓣，不可能只有一点灰尘而没有别的东西。所以海尔丁认为这些花瓣是凶手清除血迹时一同弄掉了。

奇怪的救护车

救护车在抢救伤员的时候，应该将伤员的头朝里，脚朝外。而这个救护车上的医生却弄反了。因此他们是冒充的，是想在抢劫后开着救护车逃跑。

深夜的恐吓信

案发刚刚两个小时，研子不可能在深夜收到这封从邮局寄来的信。显然是她早就准备好了的。

无法实现的法令

不可能实现国王的初衷。

假设所有的女人生头胎的比例为男女各占一半。如果母亲生了男婴就不能再生孩子，生女婴的母亲仍然可以生第二胎，比例是男女各占一半，这一轮生男婴的母亲不能再生第三胎，剩下来的母亲仍然可以生第三胎。

在每一轮的比例中，男女的比例都是各占一半的。因此，将各轮生育的结果相加，男女比例始终相等。当女孩们成为新的母亲时，上面的结论同样适用。

会说话的指示牌

足球场的指示牌上都是真话；健身房的指示牌上都是假话；篮球场的指示牌上一句是真话，一句是假话。

巧取钥匙

钥匙在中间抽屉里。

最快速的方法就是直接看第（3）句，即右面抽屉纸条上的话：“钥匙不在左右抽屉里”。因为钥匙只能在 3 个抽屉中其一的一个里面，而题（3）如为假就说明“钥匙在左右抽屉里”，这是不可能的，因此只能判断它是真话，即“钥匙不在左右抽屉里”。既然不在左右抽屉里，那只能在中间抽屉里。

到底是星期几

星期三。首先你要弄清楚今天是星期一，才能判断后天的日期。

A 是不是罪犯

如果 C 作案，则 A 是从犯；如果 C 没作案，则由于 B 不会开车，不会单独作案，因此 A 一定卷入此案。

C 或者作案，或者没有作案，

二者必居其一。

因此，A 一定卷入了此案。

哪一项是真话

正确选项是 D。

第一个杯子上的话与第四个杯子上的话矛盾，所以两句话中必有一真一假。因为题干中说四句话中“只有一句是真话”，由此判断第二个杯子与第三个杯子上的话都是假的。所以第二个杯子中没有苹果，第三个杯子中有巧克力。

谁偷走了台灯

根据他们提供的证词，可得出下面两种可能：

A

（1）乙说：甲没有偷东西。

（2）丙说：乙说的是真话。

（3）甲说：丙在撒谎。

B

（1）丙说：甲没有偷东西。

（2）乙说：丙在撒谎。

（3）甲说：乙说的是真话。

对于 A 而言，（2）支持（1）；而（3）否定（2），进而否定（1）。所以，供词就变成了：

（1）乙说：甲没有偷东西。

（2）丙说：甲没有偷东西。

（3）甲说：甲是有罪的。

显然，A 是不可能的。

对于 B 而言，（2）否定（1），（3）肯定（2）进而（3）否定（1）。所以，供词就变成了：

（1）丙说：甲没有偷东西。

（2）甲说：甲偷东西了。

（3）乙说：甲是有罪的。

根据已知条件得知：假设“甲有罪”，那么甲说了真话且是有罪的，显然这是不可能的。

假设“甲没有偷东西”，那么甲是无辜的，且乙和丙都撒了谎，所以他们两个人必有一个人是有罪的。由于甲是无辜的，所以乙就是盗窃者。

小偷被偷

偷小偷钱包的是时髦小姐。因为如果是另两个人的话，他们应该连那位小姐的钱包一块儿偷走才对，就算他们不全偷，他们也不知究竟哪个钱包是职业小偷的。

如何穿戴

由（1）、（2）和（3）可以得知：15 岁以上的学生能去看棒球赛。

“不能不看球赛和不穿毛衣，或既不看球赛也不穿毛衣”这段话是说，必须要看球赛且穿毛衣。由此再结合（4），得知 16 岁以上的男生不能去看球赛。

因此，看球赛的男生的年龄应为 15～16 岁，观看比赛时应穿毛衣、戴大礼帽，而且不能带伴侣。

谁在说谎

是大儿子。因为瓜农是在 8 天后才去田里的，这时的西瓜不过碗口大小，就说明在 8 天前西瓜肯定没有这么大。

谁被隔离

答案是 C。

对题干进行整理：所有被隔离的人都与小张接触过；所有与该病患者接触过的人都被隔离了。所以，所有与该病患者接触过的人都与小张接触过。

各自在做什么

老大洗菜，老二淘米，老三烧水，老四担水。

一定在左边吗

小芳不一定在小娟的左边。

如果照图中所示的做法，围成一圈的话，小芳就会在小娟的右边了。

事实上，像左边、右边看似非常一般的概念，到现在为止还是没有办法用数学或逻辑学来说明。

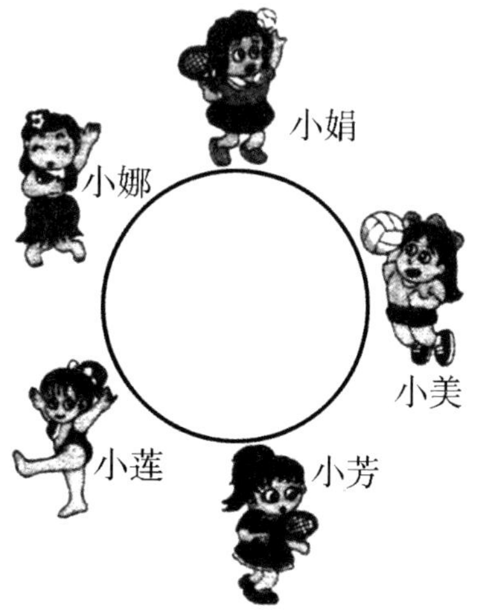

三个人的职位

最好的办法是画一个表格，行表示职位，列表示人，在逻辑上行不通的格子里打“×”，在你认为对的格子里打“○”。

然后通过条件判断：

格里有兄弟，而秘书是独生子女，所以格里不是秘书。

罗斯比董事长挣钱多，而秘书挣钱最少，那么罗斯既不是董事长也不是秘书。

结果就是，安尼塔是秘书，格里是董事长，罗斯是主席。

天堂里的游戏

此题与上一个问题很相似，但难度有所增加。你可以假设自己是围坐着的六个少年中的一个。你能看见五个人头上戴的帽子，如果你看到这五个人中，有四个人戴白帽，只有一个人戴的是黑帽，就会猜到自己和对面的人都戴的是黑帽。如果你看到只有两个人戴白帽，就会猜到自己和对面的人都戴的是白帽。可是当一白一黑的两顶帽子分别戴在你和对面人头上时，你就无法判断自己戴的是什么颜色的帽子了。

其他围坐的少年也都是这样想的。那么，中间的少年按这个逻辑推理，会得到什么样的结论呢？

由于围坐的少年都在沉思，坐在中间的少年可以推测：三组对面而坐的少年，一定是三个人头上戴白帽，三个人头上戴黑帽。这样，自己头上戴的当然是白帽子。

几男几女

从（6）得知，巳是女的，庚是男的。从（1）、（3）、（5）、（6）联合考虑可知，这 7 个人中，只有 3 个是女的。从（3）、（5）可以肯定丁是女的。从而可知，其余 4 人，即甲、乙、戊、庚一定都是男的。

最后结果是 7 人中有 4 男 3 女。甲、乙、戊、庚为男，丙、丁、巳为女。

乌龟赛跑

假设丙的话是真话，那么丁的话也是真话了，从而，甲的话也是真话，所以乙上次是第二名。因此，上次的第一名既不是乙也不是丙，所以应该是丁或者甲。但是，无论哪个是上次的第一名，本应该都说真话的丙和丁的话至少有一个会变成假话。所以，丙的话只能是假话（名次下降，而且丁的名次没有上升）。

由于丙不是上次的第一名，这次的名次下降，所以这次是在第三名以下。所以，乙的话是假话，乙的名次也下降了。

真假标签

甲瓶子上的标签是：“乙瓶子里装的是白酒。”乙瓶子的标签是：“丙瓶子里装的不是白酒。”丙瓶子的标签是：“丁瓶子里装的全是可乐。”丁瓶子的标签是：“这个标签是最后贴上的。”

甲：可乐。

乙：白酒。

丙：果汁。

丁：啤酒。

最高成绩

甲和乙都考了物理的最高分，丙考了语文的最高分。

分辨矿石

这块矿石是铁。可采用假设的

方法推理出来。如假设甲同学两个判断都对，那么乙、丙同学的判断都有一个是正确的，与老师的结论矛盾，所以，甲同学的判断不对。以此类推，假设乙同学都对，丙同学都对。最后就会得出结论，丙同学的判断都对，这块矿石是铁。

性别游戏

A、D、E是女生说假话，B、C是男生说真话。

首先可以判断E说的是假话，由此可知C说真话，由C说的话可以判断D说假话，而再有D说的话可以判断A和B中有一个是男生，那么，因为C已经可以判断是男生，所以可知A的话是假话，B的话是真话。

额头上写了什么

设三位学者为A、B、C，假定学者A突然停止笑，他可如此推断：他们三人每个人都认为自己的脸是干净的。学者B认为自己脸是干净的，笑被写上了“王”字的学者C。但是，如果学者B看见我（学者A）的脸是干净的，他对学者C对我（学者A）的笑就会觉得奇怪，因为在这种情况下学者C没有笑的理，可见学者C笑的是我（学者A）。因而我（学者A）可以断定自己的脸也是脏的，被写上了“王”字。

到底中了几枪

凶手开枪时，被害人正背对着窗子弯腰，子弹射穿了她的大腿后进入了她的胸部。所以表面看来是中了两枪。

撒谎的女人

如果真像她所讲的那样，歹徒是在门外朝她丈夫开枪，弹壳就不会落在房间里，也不会落在左侧。因为从自动手枪里飞出的弹壳应该落在射手的右后方几英尺处。

煤矿事故的原因

正确选项是D。

矿工丙的话和矿工丁的话相互矛盾，定有一真。矿工甲的话为假，不是设备问题。矿工乙的话为假，由于已确定了“不是设备问题”，所以没有人违反操作规范。矿工丙的话一定为真。矿工丁的话为假。

阳台上的凶杀案

凶手就是山姆。他是趁萨马练习倒立的时候从二楼阳台射击的。

走错房间的窃贼

小伙子的敲门露了馅儿。因为三、四两层全是单人间，任何一个房客走进自己房间时，都不会先敲房门的。

撒谎的猫

假设花猫的话是假的，那么花猫小于白猫，白猫就只有1条，这是相互矛盾的。

所以，花猫的话是真实的，花猫数多于或等于白猫，白猫捉的鱼不可能是1条。

假设黑猫的话是假的，黑猫小于花猫，花猫就是2条，所以黑猫就是1条。那么，白猫的话就成了假的，而且必须是白猫。

兔子的谎言

甲：2岁。

乙：4岁。

丙：3岁。

丁：1岁。

如果丙兔子说的话是假的话，丙就比甲年龄小，而且甲就是1岁，这是不可能的。

所以丙兔子的发言是真实的，就是甲不是1岁，丙比甲年龄要大。

如果甲的发言是真的话，就是乙3岁，甲要比乙年龄大就是4岁，这与上面的分析是矛盾的。

所以，甲的话是假的，乙也不是3岁，甲比乙年龄要小。

根据以上分析，乙是4岁，丙是3岁，甲是2岁，剩下的丁就是1岁。

三张扑克牌

这三张牌，从左到右依次为：红桃K、红桃A和方块A。

先来确定左边的第一张牌。从前提（1）得知这张牌是K；从前提（4）得知这张牌是红桃；所以，这张牌是红桃K。再来确定右边的第一张牌。从前提（2）得知这张牌是A；从前提（3）得知这张牌是方块；所以，这张牌为方块A。最后，来确定当中的一张牌。从前提（2）得知，或者这张牌是A，或者左边第一张是A；又从前提（1）得知左边第一张是K，所以，当中这张牌是A。同理，从前提（4）得知，或者当中这张牌是红桃，或者右边第一张牌是红桃；但由前提（3）可知右边第一张是方块，这样，即可确定，当中这张牌是红桃。

发卡的颜色

可以。三人都可能推测出自己头上发卡的颜色。简单分析一下：

甲看到两个红发卡，因发卡有“三红两紫”，还剩“一红一紫”，她无法判断。同样的道理，乙与丙也会这样想。

既然三人都无法一下子判断出来，甲就会进一步推想：如果她头上是紫发卡的话，乙看到“一红一紫”两发卡，她无法判断自己头上发卡的颜色。可丙能从乙推测不出来中，很快推测出自己头上的是红发卡。因为丙是紫的话，乙马上可推测出她是红的。可丙也推测不出她头上发卡的颜色，说明自己头上只可能是红发卡了。

同样的道理，乙与丙也会这样分析，从而可断定她们各自头上的发卡是红色的。

身后的彩旗

乙和丁的身后是红旗。

若丙的话真，则甲、乙应说真话，但他们的话矛盾。所以丙说了假话。若甲的话真，其他 3 人说了假话，但乙看到一红二黄也应是真的，矛盾。所以甲说的是假话。若乙说假话，那甲、乙、丙身后都是黄旗，如果丁身后是黄旗，那甲说的是真话了，这不可能，如果丁身后是红旗，那么乙就没有说假话。所以乙、丁身后是红旗。

科学家理发

因为镇上只有两位理发师，这两位理发师必然要给对方理发。科学家挑选的是给对方理出最好发式的那位理发师。

各自有两个男孩的概率

女人的两个孩子都是男孩的概率约为 33%，而男人的两个孩子都是男孩的概率约为 50%。

对至少有一个孩子为男孩的女人来说，她的孩子有三种可能性：

这三种情况的概率都相等，因此她有两个男孩的概率为 33%。

而对于男人来说只有两种可能性：

这两种情况概率相等，因此他有两个男孩的概率为 50%。

魔球里的钻石

第一个魔球是红色的，第二个魔球是绿色的，第三个魔球是黑色的，第四个魔球是黄色的，第五个魔球是蓝色的。

说谎的男子

管理员知道妮可是盲人，她从不乘电梯，每天都是走楼梯的，突然停电对她没有丝毫影响。倒是那男子整日乘电梯，突然停电，对他才会有影响。

法官审案

不管甲是不是盗窃犯，他都会说自己“不是盗窃犯”。

如果甲是盗窃犯，那么甲是说假话的，这样他必然说自己“不是盗窃犯”；如果甲不是盗窃犯，那么甲是说真话的，这样他也必然说自己“不是盗窃犯”。

在这种情况下，乙如实地转述了甲的话，所以乙是说真话的，因而他不是盗窃犯。丁有意地错述了甲的话，所以丁是说假话的，因而丁是盗窃犯。至于甲是不是盗窃犯是不能确定的。

牛顿破案

马西教授送一张字条给牛顿，叫他明天到 102 号房来，说明教授在牛顿来之前是不会换房间的。还有，教授是被勒死的，教授有大胡子，杀手是不可能把助手和教授给弄混的，而且 103 号房的门被弄坏了，助手在一个自己将要被杀的时间，是不可能安心睡觉的，所以不可能会听不到动静。而且也不会等到牛顿来了才醒。综上所述，助手就是凶手。

福尔摩斯断案（一）

福尔摩斯于下午 3 点，在阳光照射下，无名塔顶的投影处正对的地下找到珠宝箱。为什么福尔摩斯会得出珠宝箱在塔顶投影处的结论呢？因为，他仔细分析了布朗遗书所给出的条件：“塔顶处”说明珠宝箱与塔顶肯定有关；但塔顶是金属球，其内外均不能放置物品；遗书又特别提到“于下午 3 点时拿取”，说明藏宝处与时间有关。再联系到 7 月是夏天，有日光，因而联想到日光投影处，解开了这个谜。

福尔摩斯断案（二）

福尔摩斯说：“如果这咖啡是一小时前暴徒来时就煮好了，那么现在早就干了，不可能溢出来。一定是你先杀了卡特，然后才开始煮咖啡。”

编辑值班表

尽管在本题中，四人之间仍然有一定的时间上的联系，但是在解析本题时，采用线条法就显然不适合了。因为在本题中所求的内容比那种单纯求关系更为复杂，并不能机械地套用线条法。图表法则是可选择的又一种方法。它可以按照新的问题场景和实际解析需要，将问题内容制作一个图表，在图表中，将问题情景中所涉及的事物一一列出，其交叉部分即为事物之间的关系，从而达到快捷地梳理头绪，疏通脉络。

题干条件：

新闻：周一上午，周二、周四全天。

经济：周三上午，周四下午，周五全天。

文化：周一全天，周二下午，周三上午。

体育：周一下午，周二上午，周三全天。

按条件试做表如下，并将所有信息填入相关表格：

(1) 周二下午后，除经济编辑外，其他三人的累计值班天数都已经满了一整天，所以，经济编辑开始值班的日子是周三上午。

(2) 从图表上看，显然只有经济编辑在周五可以承担这项工作。

通过解析本题，我们可以体会到，如果只将所得信息放在大脑中思索，这只是调动了大脑的一半能力。要想尽快地解决这类问题，只有将左、右半脑进行联合，综合运用右半脑组织全部外形轮廓的能力和左半脑负责局部细节的能力。这就是图表法综合信息、感性直观的特点。

同时，在运用图表法的过程中，我们也可以不用强记各种信息、线索，只需观察，即可顺利解决问题。这是左、右半脑综合运用之后的效应。在这种方法下，思维既注意到了全部外形的结构，同时也没有忽略了局部的有关信息。这就是通过运用图表法培养大脑两半球综合能力的作用与意义。

所以，问题（1）的答案是：周三上午。

问题（2）的答案是：经济编辑可在周五承担这项工作。

数学讲师的难题

不能。

由（1）知：标有日期的信用粉色纸写的；（2）知：丽萨写的信是“亲爱的”开头；（3）知：不是约翰写的信，不用黑墨水；（4）知：收藏的信，不能看到；（5）知：只有一页信纸的信，标明了日期；（6）知：不是用黑墨水写的信，做标记；（7）知：用粉色纸写的信，收藏；（8）知：做标记的信，只有一页信纸；（9）知：约翰的信，不以“亲爱的”开头。

综上所知：丽萨写的信——不是约翰写的信——不是用黑墨水——做了标记——只有一页信纸

一标明了日期一用粉色写的——收藏起来——皮特不能看到。所以，皮特不能看到丽萨写的信。

实弹演习

因为只有一位教官说对了，所以可以从寻找教官们的话语“矛盾”入手。经过比对，可以发现王教官与李教官的话矛盾，因此两人的话肯定一真一假。假设王教官说得对，赵教官的话则是假的，这与题干恰好相符。

我们可以得出结论：选项中符合王教官的话的命题或者与李、赵二位教官的话相反的命题即为真命题。

正确选项是 D。

小球的重量

按题干条件：

(1) 甲＋乙＝丙＋丁；

(2) 甲＋丁＞丙＋乙（隐含：丁＞乙、甲＞丙）；

(3) 乙＞甲＋丙。

因此，四个小球的重量顺序为：丁＞乙＞甲＞丙。

旅馆安排

四人住宿时间之和是 20 天。

根据 (1) (2) (3)，住宿最长时间的是 D，且入住时已有人住，离开时不是 8 日，只有“7（离开时间）－2（入住时间）＝5（住宿时间）”数值最大，故 D 住宿了 6 天，是 2 日入住、7 日离开的。

假设 B 和 C 分别住宿了 4 天以下，因为 D 住宿了 6 天，A 若是住宿了 6 天以上，就不是住的时间最短的，所以 B 和 C 都住宿了 5 天。

根据 (3) 可知，C 是从 1 日住到 5 日。

如果 B 是从 3 日入住的话，7 日离开，那就与 D 重合了，所以 B 是从 4 日住到 8 日。剩下的 A 就是从 3 日住到 6 日。

	入住	离开
A	3 日	6 日
B	4 日	8 日
C	1 日	5 日
D	2 日	7 日

猜星期几

七个人说的话，可以分别用另一种方式来表示：

A：“今天是星期一。”

B：“今天是星期三。”

C：“今天是星期二。”

D：“今天是星期四，或星期五，或星期六，或星期日。”

E：“今天是星期五。”

F：“今天是星期三。”

G：“今天是星期一，或星期二，或星期三，或星期四，或星期五，或星期六。”

只被提到一次的日子是星期日。如果这一天是别的日子，那么讲对的就不止一个人了。因此，今天一定是星期日。D所说的是正确的。

最多有几人

答案：M城居民的总数最多不可能超过518人。

把M城的所有居民依据他们头发的数量由少至多按顺序编号。在这个编号中，以下两个条件必须满足：第一，1号居民没有头发；第二，n号居民的头发数量是$n-1$根。例如，2号居民的头发是1根，100号居民的头发是99根，以此类推。否则，居民的总数不可能比任何一个居民的头发的总数要多。

如果居民的人数超过518人，则编号大于518的居民的头发的数量就会与他们的编号相等，不符合条件（2）。因此，M城居民的总数不可能超过518人。

沙滩上的尸体

凶手是风。正当死者享受日光浴时，海滩上突然刮起一阵飓风，把太阳伞吹起，当风吹过后，那把太阳伞正好插入了死者的腹部。

抛尸现场

探长在K市看到，铁路线上有座跨铁路的天桥，便由此断定，凶手是在夜深时，将尸体从桥上扔到正从桥下通过的货车车厢顶上的。后来，列车通过那段急转弯处时，由于列车倾斜，尸体便从车厢上甩下来落在路基下。

教练的疑点

跳水运动员的职业病是眼角膜损伤较严重，视力较差，即使戴眼镜也无济于事。教练是退役跳水运动员，故不可能在深夜看见50米远的人左眼睑下的疤痕，所以他在说谎。

证言的侦破

第一，既然两名劫匪进门时头戴面具，只露出眼睛，怎么可能嘴里叼着香烟呢？第二，既然歹徒戴着手套，又怎么可能用戒指划破托尼的脸呢？

失窃的海洛因

罪犯是实习医生。

密室作案

犯人是由地板下逃走的。因日本的古老建筑物都是离地建筑的，地板用一块块的草席铺砌而成，只要揭起地板，就可以通到地下。

不可靠的预测

局长说：“预测机下一个预测结果会亮红灯。”如果预测机亮红灯表示“不会”，那么预测机就预测错了，因为事实上它已经亮起了红灯。如果它亮绿灯说“会”，这也错了，因为实际上亮的是绿灯，而不是红灯。这样预测机就预测不准确了。

真的没有时间吗

这个人在计算时间的时候重复计算了很多的时间，比如说假期中的睡眠时间和吃饭时间，星期中的睡眠和吃饭时间，以及他多算了很多上学时走路的时间。

有几个天使

至少有 2 个天使。

假设甲是魔鬼的话，由此可推断他们几个都是魔鬼，那么，乙是魔鬼的同时又说了假话，存在矛盾。所以甲是天使。假设乙是天使的话，从她的话来看，甲就成了魔鬼，相反，假设乙是魔鬼的话，从她的话来看，丙就是天使了。所以，无论怎样，都会有 2 个天使。

是非判断

我们可以两个人两个人地进行比较。对任何两个人来说，尽管他们俩答对题号不可能全部相同，但至少有相同的 3 道题是两人都答对的。

A、B 两人答案相同的是第 2 题、第 4 题和第 5 题；B、C 两人答案相同的是第 1 题、第 5 题和第 6 题；A、C 两人答案相同的是第 3 题，第 5 题和第 7 题。所以这 7 道判断题的正确答案是：

1	2	3	4	5	6	7
是	非	是	非	非	是	是

电影导演

《黄色帐篷》的导演姓白，《孙猴子外传》的导演姓黄，《白衣少年》的导演姓孙。因为甲厂的导演拍摄的是《黄色帐篷》，所以，他不姓黄，又已知他不姓孙，就只能姓白了。《孙猴子外传》的导演或姓黄，或姓白，既然《黄色帐篷》的导演姓白，他只能姓黄了。剩下的《白衣少年》的导演只能是姓孙了。

公主的婚姻

因为布拉达在问话中有意设置了一个圈套。

布拉达的问话中设下了这样一个圈套：如果公主告诉我难题，我用此难题难倒她，那么，她必须履行诺言；如果公主不告诉难题，我则已难倒了她，那么，她也得履行诺言。总之，不管怎样，她都得应允婚事。

医院杀人案

凶手是7号病房的糖尿病患者。

不仅糖尿病患者，就是健康人杀人时因过度紧张，握凶器的手都会出冷汗的，糖尿病患者出汗更多，且汗水里含有大量糖分。缠着绷带的匕首柄上爬着很多蚂蚁，蚂蚁喜欢吃甜的东西，这说明绷带上的汗水有很多的糖分。

车牌号码

出租车司机看到的车牌完全没错，但是他是从后视镜中往后看，所以看到的景象是左右相反的。也就是说，肇事车辆的牌号应该是10AU81。

玫瑰花瓣

放在窗台上花瓶中的玫瑰，一个多星期后早已枯萎凋谢，窗台、地板和地毯上应该找得到落下的花瓣，不可能只有一点灰尘，而没有别的东西。所以，探长认为那些花瓣是凶手在清除血迹时一起弄掉的。

鞋印断案

凶手是女助手。她看到男助手买了新鞋，就去买了一双一模一样的鞋，然后在男助手每天工作时，将两双相同的鞋子轮流摆在门口让他穿。这样一来，两双鞋子的新旧程度就差不多一样了。随后，女助手杀害了画家，用带来的鞋子留下鞋印，再将男助手的鞋子偷偷调换。男助手被拘捕后，女助手把另一双鞋子处理掉，整个过程就显得天衣无缝了。

牛奶断案

如果服务员一进门就被人打倒在地，那么，这床头柜上的牛奶不就是刚端来的吗？为什么一点都没有洒在地上呢？其实服务员端着这杯牛奶先进房放在床头柜上，顺手将手提箱拿到门口，交给同伙，然后使用苦肉计，故意让同伙打了一下，造成手提箱被盗的假象。

第二部分

分析类培养思考力游戏

分析力是在解决问题的过程中，把认识对象按照需要分解为各个部分或要素从而认识它们在认识对象整体中的性质和作用，并再度将其组合整体的能力。学会对事物采用各种方法进行分析，掌握其特征，发现其规律，对事物会有个清晰而全面的认识，这对思考力的开拓是一个极有利的锻炼。

优中选优

你想从 100 名候选人中选出最好的那一个来担任一个重要职位。如果你随机选，那么你选到最好候选人的概率为 1/100，这是毫无疑问的。因此你决定一个一个地面试他们。你每面试一个人，都必须要决定他是不是最好的那个，尽管你还没有面试其他人。让问题变得复杂的是：你每筛掉一个人，你就永远失去他了，不可能再回过头来去找他。

在这样的情况下，应该怎样做才能使你选到最好候选人的概率最大呢？

你可以随机抽取 10 个候选人来进行面试，然后从这 10 个人中选出最好的那一个。这样做你抽到 100 个人中最好候选人的概率为 1/4，比 1/100 要好，但还是有较大的风险。

在你选中比前面的人都要优秀的人之前，你需要面试多少个人？

培养指数：★★★★☆

智者的路线

有一位喜欢在林荫道上散步的智者，他让弟子们这样栽种树木：沿直线先朝东栽 100 米，接着朝北栽 100 米，然后朝西栽 100 米，然后朝南栽 98 米、朝东 98 米、朝北 96 米、朝西 96 米等，如此栽下去。最后，他便得到了两排树木之间的一条 2 米宽的林荫道。

智者很喜欢沿着这条林荫道边散步边思考哲学，一直走到这条林荫道的中心。那么，智者一共走了多少米？

培养指数：★★☆☆☆

谁“差”钱

一天，蒙娜去早市的一家肉店买肉，却看到一群人围在里面。原来是一位盲人走进了一家肉店想买肉，他连叫了几声却无人回答。他知道无人，便伸手在放肉板上乱摸，哪知一下摸到了4枚1元的硬币，他赶忙把硬币放进口袋里，然后就要走出肉店。碰巧卖肉的人从屋内走出来见到了，便追出来抓住盲人，要他把钱拿出来。盲人大喊道：“天啊，欺负我是盲人，想抢我的钱啊！”

蒙娜见了后，便当场知道谁骗人了，你知道为什么？

培养指数：★★☆☆☆

天平如何平衡

这里有一个天平和7克、8克、15克、23克的砝码。利用这些砝码使天平保持平衡状态有几种方法？

培养指数：★★☆☆☆

地毯的长度

有一个人想装修刚刚建成的房子，在所有的材料都购买齐全之后，他突然想到应该在一楼与二楼之间的楼梯上铺一条地毯，但是现在楼梯尚未安装，阶梯的数量、高度和宽度，他还不知道，在这样的情况下，请问你能帮他把所需要的地毯的长度计算出来吗？

培养指数：★★☆☆☆

啤酒的体积

一般啤酒瓶的下半部分都是圆柱形的，占瓶子高度的 3/4；而上半部分不规则的形状占瓶子高度的 1/4。如果这里有这样一个啤酒瓶，里面只有一般的啤酒，如何只借助一根直尺，来判断瓶子里的酒占整个瓶子容积的百分之几？

培养指数：★★★☆☆

哥尼斯堡七桥

哥尼斯堡这座城市有两个岛屿（下图中的 A 和 B），及连接它们的七座桥。岛与河岸之间有六座桥，另一座桥则连接着两个岛。当时，居民们有一项普遍喜爱的消遣，就是在一次行走中跨过全部七座桥而不许重复经过任何一座桥，但是没有人成功。请问，有没有一种可能在一次行走中走过全部七座桥而不重复经过任何一座？

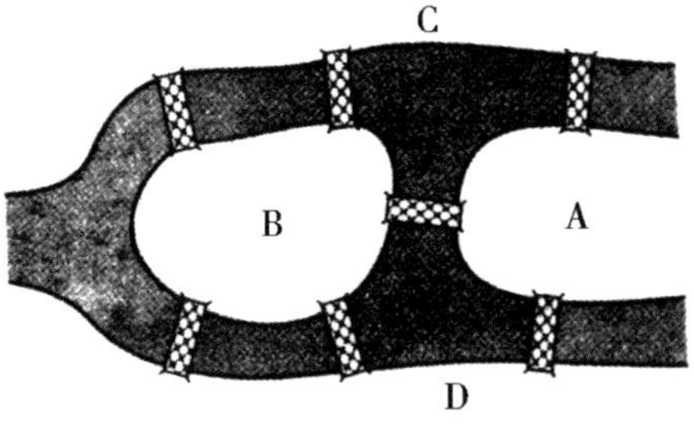

培养指数：★★★★☆

环绕地球的妙计

赤道上有 A、B 两个城市，它们正好位于地球上相对的位置。分别住在这两个城市的甲、乙两位科学家每年都要去南极考察一次，但飞机票实在是太贵了。围绕地球一周需要 1000 美元，绕半周需要 800 美元，绕 1/4 周需要 500 美元，按照常理，他们每年都要分别买一张绕地球 1/4 周的往返机票，一共 1000 美元，但是他们俩却想出一条妙计，两人都没花那么多的钱。

你猜他们是怎么做的？

培养指数：★★★☆☆

计算硬币的数量

某人喜欢收藏硬币。他把 1 分、2 分、5 分的硬币分别放在 5 个一样的盒子里，并且每个盒子里所放的 1 分的硬币数量相等，2 分的硬币数量也相等，5 分的硬币数量也相等。

他把 5 盒硬币都倒在桌子上，分成 4 堆，每一堆的同种面值的硬币的数量都相等。然后把其中两堆混起来，又分成 3 堆，同样每一堆里的同种面值的硬币数量相等。你知道他至少有多少枚 1 分、2 分和 5 分的硬币吗？

培养指数：★★★☆☆

区别真假硬币

现有外形完全一样的 9 枚硬币，其中 8 枚是真币，1 枚是假币。假币和真币的区别仅是重量稍轻一点。有一台天平秤，没有砝码，秤上没有读数，如果把重物放在天平秤的两边的托盘上，天平能精确地显示出两边的重物是否一样重，或哪边更重一点。

使用该天平秤，如何只称两次就能确定上述硬币中哪枚硬币是假币？

培养指数：★★★☆☆

角落里的硬币

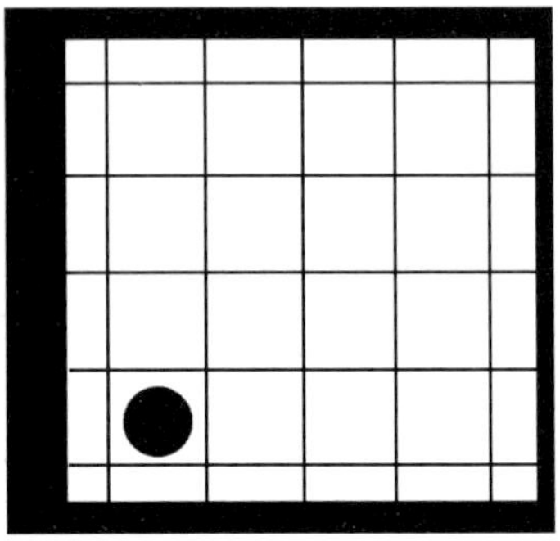

如果你随机地掷一枚硬币（硬币比图上的方格小），它落在大正方形一角的方格里的概率是多少？

培养指数：★★★★☆

怎么调换球的组合

一位王子向一个美丽的公主求婚。美丽的公主为了考验王子的智慧，就让仆人端来两个盆，其中一个装着 10 个小红球，另一个装着 10 个小白球，然后把王子的眼睛蒙上，并把两个盆的位置随意调换，请王子随意选一个盆，从里面挑选出 1 个球。如果选中的是红球，公主就嫁给他，如果选中的是白球，王子就再也没有机会了。王子听了以后，说："那能不能在蒙上眼睛之前，任意调换盆里的球的组合呢？"公主同意了。

王子该怎么调换球的组合才能确保他能在更大程度上选中红球呢？

培养指数：★★★☆☆

给木块漆颜色

设想你有一罐红漆，一罐蓝漆，以及大量同样大小的立方体木块。你打算把这些立方体的每一面漆成单一的红色或单一的蓝色。例如，你会把第一块立方体完全漆成红色。第二块，你决定漆成 3 面红 3 面蓝。第三块或许也是 3 面红 3 面蓝，但是各面的颜色与第二块相应各面的颜色不完全相同。

按照这种做法，你能漆成多少块互不相同的立方体？如果一块立方体经过翻转，它各面的颜色与另一块立方体的相应各面相同，这两块立方体则被认为是相同的。

培养指数：★★★☆☆

火中逃生

德国有一种火灾救生器，其实就是在滑轮两边用绳索吊着两个大篮子。把一个篮子放下去的时候，另一个篮子就会升上来，如果在其中的一个篮子里放一件东西作为平衡物，则另一个较重的物体就可以放在另外的篮子里往下送。假如一只篮子空着，另一只篮子里放的东西不超过 30 磅，则下降时可保证安全。假如两只篮子里都放着重物，则它们的重量之差也不得超过 30 磅。

有一天夜里，罗宾逊的家里突然发生火灾。除了重 90 磅的罗宾逊和重 110 磅的妻子之外，他还有一个重 30 磅的孩子，和一只重 60 磅的宠物狗。

现在知道每只篮子都大得足以装进三个人和一只狗，但别的东西都不能放在篮子里。而且狗和孩子如果没有罗宾逊或他的妻子的帮助，自己不会爬进或爬出篮子。

你能想出好办法尽快使这三个人和一只狗安全地从火中逃生吗？

培养指数：★★★☆☆

摔跤比赛

A、B、C、D 四个小组进行了一次摔跤比赛，比赛的结果是：当 A、B 两组为一方，C、D 两组为另一方时，双方势均力敌，不相上下。但当 A 组 C 组对调后，A、D 两组一方就轻而易举地战胜了 B、C 两组一方。

然而，当 B 组和 A 组、C 组单独较量的时候，结果都胜了。

请问：这四个组中，哪组实力最强？请把它们实力的强弱按顺序排下来。

培养指数：★★☆☆☆

检测小球

一家玩具公司生产的一盒玩具球中，有 4 个小球，每个小球都是按照一定标准的重量制造的。在质检过程中，工作人员发现其中一个小球是次品。现在知道那个次品的重量要比其他合格品的重量重一些。

如果让你用天平只称量一次，你知道如何判断哪个小球是次品吗？

培养指数：★★★☆☆

纸牌花招

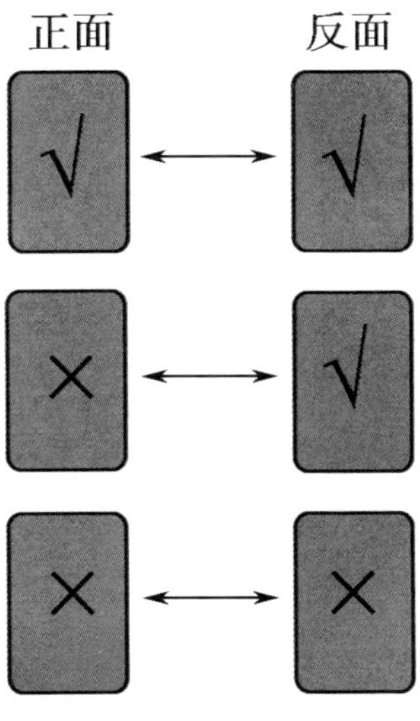

杰克经常玩扑克牌，并总是使出许多花招。一天，他排出做了标记的 3 张扑克牌（如图），纸牌正反两面分别画上√或×。

他把这 3 张扑克牌拿给任何人，在不让他看到的情况下选出一张，放在桌上；朝上的是正面或反面都没有关系，只要他看了朝上的那一面后，便会猜出朝下的标记是什么。猜对了，对方必须给他 100 元；猜错了，他则给对方 200 元。纸牌上√和×的总数各半，也没有其他记号。在这场游戏中，他有胜算把握吗？

培养指数：★★☆☆☆

邮票的面值

已知 A、B、C、D、E 五枚面值不同的邮票中：

（1）A 的面值是 B 的面值的两倍。

（2）B 的面值是 C 的面值的四倍半。

（3）C 的面值是 D 的面值的一半。

（4）D 的面值是 E 的面值的一半。

这五枚邮票的面值由大到小应怎样排列？

培养指数：★★☆☆☆

猜默念的数

甲指着一块手表的表面对乙说：“请你在表面上表示小时的 12 个数字中默认一个数字。现在我手中有一支铅笔。当我的铅笔指着表面上的一个数字时，你就在心里默念一个数。我将用铅笔指点表面上的一系列不同的数，你跟随我在心里默念一系列数。注意，你必须从比你默认的数字大 1 的那个数字开始默念，例如，如果你默认的数字是 5，你就从 6 开始念，然后按自然数顺序朝下念，我指表面上的数，你默念心里的数，我显然不知道你心里默念的是什么数，当你念到 20 时，就喊‘停’，这时我手中的铅笔，一定正指着你最初默认的数。”乙认为这是不可能的，因为甲并不知道自己从哪个数字开始默念。但出乎意料的是，当他按甲所说的操作一遍后，甲手中的铅笔正指着他心里最初默认的那个数字！

想想看，甲是如何做到这点的？

培养指数：★★☆☆☆

抽彩票问题

抽彩票能中大奖，只要你足够幸运的话。如果让你从装有 10 张彩票的盒子里抽一张，或者从装有 100 张彩票的盒子里抽 10 次，每次一张，每抽完一次要把彩票放回，你觉得哪种中奖的概率更大呢？

培养指数：★★★☆☆

油桶交易

一位小贩用一个大桶装了12千克的油到市场上去卖。刚好来了两个一高一矮的家庭主妇，分别只带了5千克和9千克的小桶，但她们却买了6千克的油。

其中，矮个子的家庭主妇买了1千克，高个子的家庭主妇买了5千克，令人惊讶的是，他们之间的交易没有用任何测量工具。请问他们是如何分油的呢？

培养指数：★★☆☆☆

抽配手套

抽屉里面一共放了2双黄色手套、3双红色手套、4双绿色手套以及5双蓝色手套。这些手套都杂乱地摆放着。

现在要在黑暗中从抽屉里拿出手套，要求至少拿到一双相同颜色的手套，并且左右手配套。

至少需要从抽屉里拿出多少只手套才能完成任务？

培养指数：★★★☆☆

分大米

有一袋大米重9千克，需分成7千克和2千克两袋。现在只有一台台秤，而且仅有50克和200克的砝码。请你最多称三次，把这袋大米分成7千克和2千克两袋。

怎样分法？

培养指数：★★★☆☆

丢掉的袜子

假设你有 10 双袜子，丢掉了其中 2 只。请问下面这两种情况哪个可能性更高：

（1）最好的情况：你丢掉的两只正好是 1 双，因此你还有 9 双完整的袜子。

（2）最差的情况：你丢掉的两只都是单只，因此你只剩下了 8 双完整的袜子和两只单独的袜子。

这两种情况哪个更可能发生呢？

培养指数：★★★☆☆

单只通过

一只蚂蚁在地下通道里爬行，对面又来了一只。由于通道非常狭窄，只能单只通过。幸好，通道一侧有个凹处，刚好能容得下一蚂蚁，可不巧的是，里面有一个小沙粒，把它移出来后又把通道堵住了，还是无法通行。两只蚂蚁应该怎么做才能都顺利通过呢？

培养指数：★★★☆☆

逃脱牢房

警长抓住了一个特别狡猾的盗窃犯，把他交给了监狱长。监狱长将盗窃犯关在了监狱中最安全的牢房中，从未有人从这个牢房逃脱过。牢房是一条笔直长廊最里端的全封闭部分，外面有 5 道铁门，它们以不同的频率自动重复开启和关闭。第一道门每隔 1 分 45 秒自动开启和关闭一次，第二道门每隔 1 分 10 秒，第三道门每隔 2 分 55 秒，第四道门每隔 2 分 20 秒，第五道门每隔 35 秒自动开启和关闭一次。在某个时刻，5 道铁门会同时打开，也只有在这时警卫会出现在第五道铁门外，他将通过长廊查看盗窃犯是否在牢房内。

如果盗窃犯离开牢房在长廊里待的时间超过 2 分半钟，警报器就会报警，警卫会闻讯赶来。狡猾的盗窃犯能从牢房中逃脱吗？

培养指数：★★★☆☆

作案时间

一天夜里，一处房子里传来一声惨烈的尖叫声。邻居们早上醒来才知道有人被害了。负责调查的警察向邻居们了解案件发生的确切时间。一位邻居说是 23 时 08 分，另一位老大爷说是 22 时 40 分，对面小卖店的老板说他清楚地记得是 23 时 15 分，还有一位小姐说是 22 时 53 分。但这四个人的表都不准确，在这些手表里，一个慢 12 分钟，一个快 3 分钟，还有一个快 10 分钟，最后一个慢 25 分钟。

警察能确定作案时间吗？

培养指数：★★☆☆☆

寻找戒指

当你把 9 个外形完全相同、重量完全相等的包裹都封好口后，发现你的一枚戒指掉在其中一只包裹里了。而你不想把所有的包裹都打开。

只称两次，你能确定戒指在哪只包裹里吗？

培养指数：★★★☆☆

强盗分赃

五个海盗抢到了 100 颗同样大小且价值连城的宝石。他们决定这么分：

用抽签的办法决定自己的号码（1，2，3，4，5）。

首先，由 1 号提出分配方案，然后五人进行表决，当且仅当超过半数的人同意时，才能按照他的提案进行分配，否则将被扔入大海喂鲨鱼。

1号死后，再由2号提出分配方案，然后四人进行表决，当且仅当超过半数的人同意时，按照他的提案进行分配，否则像1号一样，他将被扔入大海喂鲨鱼。其他的分配方法以此类推。

因为每个海盗都是很聪明的人，所以都能很理智地判断得失，做出选择。他们的判断原则是：保命，尽量多得宝石，尽量多杀人。

请问第几个海盗提出怎样的分配方案才能够使自己的收益最大化？

培养指数：★★★☆☆

钥匙把手

一个圆环上穿着10把钥匙，每把都有一个把手。按你所记的钥匙的顺序，每把开一把锁。问题在于你在黑暗中，看不见钥匙串，只能靠手指摸出钥匙的形状。如果你有办法用触觉分辨钥匙，你就能很快地开门。

一个办法是把把手做成不同的形状，但你是不是需要10个不同的形状？

若只靠触觉，那你最少要多少种形状才能分辨所有钥匙？钥匙的排列有什么顺序？

培养指数：★★★☆☆

白猫的大餐

一只白猫在主人家生活得非常惬意，每天不用去捉老鼠，就有鲜美的鱼入口。可是，有一天，它却做了这样一个梦：它被13只老鼠（12只黑老鼠，1只白老鼠）层层围住，13只老鼠叽叽喳喳地一起朝它吼叫：“大笨猫，凭你的本事可以吃掉我们吗？”白猫不服地说：“虽然我久未捕鼠，对付你们几个还是不成问题的！”领头的大老鼠说：“有本事你就顺一个方向每数到第13只就把这只老鼠吃掉，而最后被吃掉的老鼠一定要是那只白色的老鼠。”听到这么离奇的要求，白猫一下子从梦中醒了过来。

如果白猫想吃到这顿“大餐”，应该从哪一只老鼠数起呢？

培养指数：★★★☆☆

难等的鱼翅宴

10个同事一起去餐馆聚餐，为如何落座争论不休，有要求按年龄大小来坐、有要求按资历来坐，有要求按高矮来坐。这时，有一个人说："我们就随便坐下吧，然后记住各自的座位次序，明天再来吃饭，我们就按别的次序坐，后天来再换个次序。总之，每天都按新的次序来坐，直到每个人把所有的位置都坐一遍为止。如果有一天，我们又各自坐到了这个位置上，我就请大家吃这里最贵的鱼翅席。"大家都说好，于是都各自坐下了。过了一会，有人反应过来，大呼上当。聪明的读者，你知道他过多久请同事们吃鱼翅席吗？

培养指数：★★★☆☆

自恃聪明

一天，一个被警察追踪多年的盗墓者突然前来自首。他声称他偷来的100块壁画被他的25个手下偷走了。他说，这些人中最少的偷走了1块，最多的偷走了9块。他记不清这25人各自偷了多少块壁画，但可以肯定的是，他们都偷走了单数块壁画，没有人偷走双数块。他为警方提供了25个人的名字，条件是不要责罚他。警察答应了。但是，当天下午，警长就下令将自首的盗墓者抓了起来。你知道这是为什么吗？

培养指数：★★★☆☆

蜗牛回家

把四个立方体纸盒堆成一个大立方体（如下图所示），并标上相应的符号。

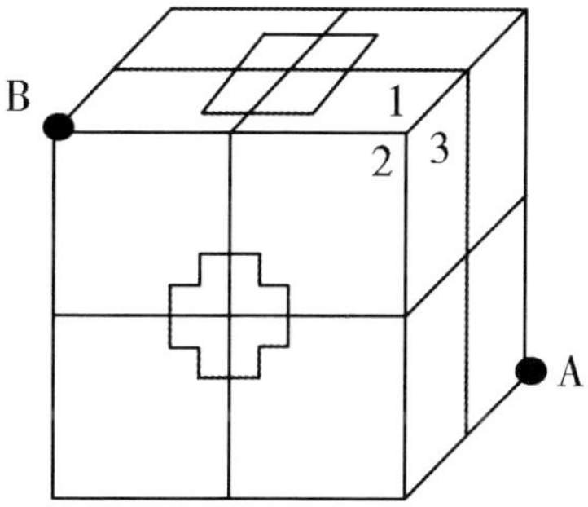

有一只小蜗牛在A处找到了食物，它要把食物搬回在B处的家。因为食物比较重，小蜗牛想找一条最近的路线，可是它虽冥思苦想，却怎么也想不出来。

你能帮助小蜗牛找到最近的路线吗？

培养指数：★★★☆☆

仓库管理员

甲、乙、丙三个人分别看管三个仓库，每个仓库的门锁都有两把钥匙。

请问：如何分配仓库的钥匙才能保证甲、乙、丙三个人随时都能进入每个仓库？

培养指数：★★☆☆☆

分割钝角

能否把任意一个钝角三角形分割成若干个小的锐角三角形？如果不能，请给出证明。如果能，请给出一个实例，并考虑一下：分割出的锐角三角形的数目最少是几个？

培养指数：★★★☆☆

巧移乒乓球

桌子上有一只倒扣的广口杯，里面扣着一个乒乓球。在不翻转广口杯的前提下，如何将被扣着的乒乓球移至另外一张桌子上？

培养指数：★★★☆☆

巧分七连环

7个圆环相连（如下图所示），如果在周一到周日的7天中，每天取走的圆环的数量与当天的星期数相符（如星期三取走3个），则这个连接的圆环至少要被分割几次？

培养指数：★★★☆☆

答案及解析

优中选优

面试 36 个人。这样会将你选到最优秀的人的概率提高到 1/3，这是你所能做到的最好的结果。

如果你愿意妥协，认为选择这 100 名中的第 2 名也可以，那么这样你只要面试 30 个人，你选到第 1 名或者第 2 名的概率就会高于 50%。而如果你认为选择这 100 名中的前 5 名都可以，那么你只需要面试 20 个人，你选到前 5 名之一的概率就会达到 70%。

智者的路线

可以在想象中把智者漫步过的林荫道“剪拼”成一条直道。

由于所有的林荫道组成的正方形的面积是 100×100＝10000（平方米），林荫道的宽度是 2 米，因此，林荫道全长 5000×7＝35000（米）。所以智者一共走了 17500（米）。

谁“差”钱

叫店主端一盆水来，让盲人把 4 枚硬币放进水里。硬币进水后如果水面浮起油脂，那就证明钱是店主的。

天平如何平衡

三种。一边放 15 克。一边放 7 克和 8 克。一边放 23 克，一边放 15 克和 8 克。还有，就是不要放任何砝码。

地毯的长度

其实，我们只需要把要与楼梯构成直角三角形的地面长度和墙壁的高度测量出来就可以了，这两者之和就是所需地毯的长度。

因为每个台阶的高度之和就等于墙壁的高度，台阶的宽度之和就等于地面的长度，所以说只需知道这两者就可以了。

啤酒的体积

先量一下瓶子中酒的高度，然后把瓶子上下颠倒，再量出这时瓶子中在圆柱部分的空气的高度。这样，酒的高度加上空气的高度就是瓶子的体积在这个圆柱状态下的总高度，所以很容易就可以算出百分比了。

哥尼斯堡七桥

只通过一次是不可能的。

这道题看上去好像是简单的事情，结果却被证明为非常复杂。七桥问题直到瑞士数学家欧拉才得到解决。当欧拉第一次听说它并对它感兴趣时，他就着手证明它不可能有解。欧拉解决这一问题用的是今天人们称之为网络的拓扑学知识。

一个网络基本上可以看成是一个问题的图样。哥尼斯堡七桥问题的网络可以图解如下：

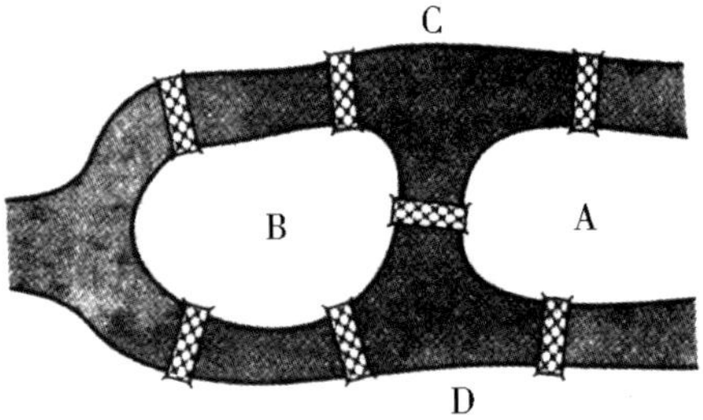

网络是由一些线一些点连接起而成。初看起来，上图也许不像前面的图，但是用数学术语的话，它们是完全等价的。这就是说。它们是拓扑等价的。

标明 A、B、C、D 的点分别代表河的北南两岸（C 和 D）和两个岛（A 和 B）。线代表将 ABCD 连接起来的路或桥。两座桥连接 C 和 B，两座连接 B 和 D，一座连接 A 和 B，一座连接 A 和 C，一座连接 A 和 D。欧拉把一个点或结点描述为“奇”的或“偶”的。如果出自一个结点的线的数目是奇数，这结点就是奇的，如果线的数目是偶数，这结点就是偶的。欧拉不仅研究了哥尼斯堡七桥，还研究了许多别的网络，结果证明：

要走完一条路线而其中一段行程只许经过一次，只有当奇数点是 0 或 2 时才是可能的。在所有其他情况下，如果不走回头路，就不能走遍整个网络。

他还发现，如果有两个奇结点，那么经过整个路线的路必须从一个奇结点开始，到另一个奇结点为止。哥尼斯堡难题终于有了解法。

环绕地球的妙计

甲买一张经由南极到 B 市的机票，乙买一张经由南极到 A 市的机票，当他们两人在南极相会时，把机票互换一下，这样他们只花了 800 美元就到了自己的城市。

计算硬币的数量

如果能把不同类型的硬币平均分成 4 份、5 份、6 份（注意，把平均分的 4 堆中的 2 堆可以平均分成 3 份，另外 2 堆也一样可以分成 3 份，所以说可以分成 6 份），这样，每一种硬币至少有 60 枚。

区别真假硬币

把 9 枚硬币分成 3 叠，每叠 3 枚。第一次称其中任意两叠，如果这两叠重量持平，就说明假币在第 3 叠中，取第 3 叠中的任意两枚硬币称第 2 次，如果重量持平，则假币是剩下的那枚，否则就是重量较轻的那枚。如果第一次称的两叠硬币不一样重，则说明伪币在轻的那叠中，取其中的任意两枚称第 2 次，同理能确定哪枚是假币。总之，使用天平秤，只需称两次，就能确定哪枚是假币。

角落里的硬币

硬币落在角上的概率大约是 50%。要证实这点，你可以多投几次硬币试试。一般说来，要求此概率，只要计算四角的面积占总面积的多少就行了。

怎么调换球的组合

王子可以在盆里留 1 枚红球，把另外 9 个红球倒入另一个盆里，这样一个盆里就只有 1 个红球，另一个盆里就有 10 个白球和 9 个红球。如果他选中了那个放 1 个红球的盆，选中的概率就是 100%；如果选中放 19 个球的盆的话，摸到红球的概率最大是 9/19。

给木块漆颜色

你能够漆成：1 块全红，1 块全蓝，1 块 5 面红 1 面蓝，1 块 5 面蓝 1 面红，2 块 4 面红 2 面蓝，2 块 4 面蓝 2 面红，2 块 3 面红 3 面蓝。即总共漆成 10 块颜色不同的立方体。

火中逃生

罗宾逊、他的妻子、孩子与狗可以下列顺序逃生：

降下孩子——降下小狗，升上孩子——降下罗宾逊，升上小狗——降下孩子——降下小狗，升上孩子——降下孩子——降下妻子，升上其他人及狗——降下孩子——降下小狗，升上孩子——降下孩子——降下罗宾逊，升上小狗——降下小狗，升上孩子——降下孩子。

摔跤比赛

D 组实力最强，B 组第二，A 组第三，C 组最弱。

因为 A＋B＝C＋D，C＋B＜A＋D，A＜B，C＜B；可得：A＋B－C＝D，B＋C－A＜D；所以，C＜A，B＜D。

检测小球

在天平两端各放两个小球，次品的那端肯定重，然后在天平两端各拿走一个小球。如果这时天平是平衡的，那么刚才重的那端拿起来的小球是次品：如果天平还是不平衡，那么现在重的那端的小球就是次品。

纸牌花招

有胜算。假设朝上的是√，朝下的是√或×的机会并不是1/2。

朝下是√的机会有两个：一是第一张卡片的正面朝上时；一是第一张卡片的反面朝上时。但朝下是×的机会，只有当第二张卡片正面朝上的时候，意即只要回答朝上那面的图案，他就有2/3的概率胜利。

邮票的面值

将题干条件形式化：

（1）A＝2B；

（2）B＝4.5C；

（3）C＝0.5D；

（4）D＝0.5E。

条件（2）可改为：2B＝9C。

条件（3）可改为：D＝2C；4.5D＝9C。

条件（4）可改为：E＝2D；2.25E＝4.5D。

综合上述各条件关系，可将它们整理为

A＝2B；

2B＝9C；

9C＝4.5D；

4.5D＝2.25E。

由此可得：A＝2　B＝2.25　E＝4.5　D＝9C。

所以，这五枚邮票的面值由大到小的排列顺序为：A、B、E、D、C。

猜默念的数

开始，甲假装深思熟虑，而实际上是随意点了7个数字，但是他点的第八个数字必定是12，第九个数字必定是11，第十个数字必定是10，以此沿逆时针方向按顺序点下去，当乙念到20并喊停时，甲点着的必定正好是乙最初默认的数字。

抽彩票问题

两者概率相等。但心理学研究发现，40％的人愿意一次性取出10张，哪怕给他50次机会每取一张后放回。

油桶交易

先从大桶中倒出5千克油至9

千克的桶里，再从大桶倒出 5 千克油至 5 千克的桶里，接着把 5 千克桶的油将 9 千克的桶灌满。现在，大桶有 2 千克油，9 千克的桶已装满，5 千克的桶里有 1 千克油。

之后再将 9 千克桶里的油全部倒回大桶，大桶则有 11 千克油。把 5 千克桶中的 1 千克油倒进 9 千克桶里，再从大桶倒出 5 千克油；现在大桶有 6 千克油，而另外 6 千克油也分换两位主妇所需的成 1 千克和 5 千克等两份。

抽配手套

要解答这道题，首先要考虑到拿到的全部都是左手手套或者全部都是右手手套的情况。它们分别都有 14 只。

在这种情况下，如果拿 15 只一定会拿到一双手套。

但是可以做得更好。尽管是在黑暗中，还是能够通过触觉分清左右手套。考虑到最差的情况，可以拿 13 只左手手套或者 13 只右手手套，然后再拿一只另一只手的手套。这样至少会有一对手套。也就是说，一共只需要拿 14 只手套就可以完成任务。

分大米

第一次，不用砝码把 9 千克分为两部分，各 4.5 千克；第二次，不用砝码将分得的 4.5 千克又分为两部分，各重 2.25 千克；第三次，将分得的 2.25 千克用砝码 250 克称出 250 克大米，剩下的就是 2000 克。

其他各部分之和就是 7 千克大米了。

丢掉的袜子

20 只袜子配对一共有 190 种情况。你可以自己来检验：将 1～20 写在一张纸上。与 1 可以配对的有剩下的 19 个数。然后跳过 1（因为我们已经考虑了所有含有 1 的配对情况）看 2，有 18 种配对情况，因此现在已经有 19＋18＝37 种配对情况了。然后再跳过 2 看 3，以此类推，直到数到最后的一对。你会得到下面这个等式：

$$19+18+17+16+15+14+13+12+11+10+9+8+7+6+5+4+3+2+1=190$$

20 只袜子配成一双的只有 10 种情况。也就是说，在 190 种可能中，最好的情况只有 10 种，而最差的情况则有 180 种，即最差的情况发生的可能性是最好的情况的 18 倍，这意味着你很可能只剩下 8 双袜子。

单只通过

由一只蚂蚁把沙粒拉出凹处，放在通道里；然后另一只蚂蚁进入凹处，再由那只蚂蚁推着沙粒过凹处后暂停；然后另一只蚂蚁爬出凹处，沿通道爬走；最后那只蚂蚁将沙粒拖回凹处，自己走开。

逃脱牢房

设35秒为一个时间单位。5道门两次开启的时间分别是3、2、5、4、1个时间单位，所以5道门同时开启的时间间隔是60个时间单位，即1、2、3、4和5的最小公倍数。盗窃犯穿过5道门的时间最多只允许有4个时间单位（2分20秒），否则会惊动警报器。只有在一种情况下盗窃犯才有可能逃脱，就是从第一道门开启算起，按顺序每两道相邻的门之间开启的间隔是一个时间单位。在警卫两次相邻出现的时间间隔内，即0～60个时间单位之间，5道门按顺序间隔一个时间单位连续开启的情况只在第33、34、35、36、37个时间单位内会出现，它们分别是3、2、5、4和1的倍数。所以，盗窃犯只要在警卫离开的第33个时间单位后穿过第一道门，以后每个时间单位穿过一道门，就能在第37个时间单位时逃脱。

作案时间

作案时间是23点5分。

这是个看起来复杂其实很简单的问题。计算方法很容易，从最快的手表（23点15分）中减去快得最多的时间（10分钟）就行了。或者将最慢的手表（22点40分）加上慢得最多的时间（25分钟）也可以得出相同的答案。

寻找戒指

先把包裹分成3个一组，取其中两组称。如果秤上有一组比较重，那么戒指在这3个包裹的一个里面；如果秤上两组一样重，那么戒指在另外3个包裹的一个里面。然后在3个包裹里取两个摆到秤上称，如果有一个比较重，那么戒指就在这个包裹里；如果两个一样重，那么戒指在不在秤上的那个包裹里。

强盗分赃

从后向前推，如果1～3号强盗都喂了鲨鱼，只剩4号和5号的活，5号一定投反对票让4号喂鲨鱼，以独吞全部金币。所以，4号唯有支持

3 号才能保命。3 号知道这一点。就会提出（100，0，0）的分配方案，对 4 号、5 号一毛不拔而将全部金币归为己有。因为他知道 4 号一无所获但还是会投赞成票，再加上自己一票，他的方案即可通过。

不过，2 号推知到 3 号的方案，就会提出（98，0，1，1）的方案，即放弃 3 号，而给予 4 号和 5 号各一枚金币。由于该方案对于 4 号和 5 号来说比在 3 号分配时更为有利，他们将支持他，不希望他出局而由 3 号来分配。这样，2 号将拿走 98 枚金币。

不过，2 号的方案会被 1 号所洞悉，1 号并将提出（97，0，1，2，0）或（97，0，1，0，2）的方案，即放弃 2 号，而给 3 号一枚金币，同时给 4 号（或 5 号）2 枚金币。由于 1 号的这一方案对于 3 号和 4 号（或 5 号）来说，相比 2 号分配时更优，他们将投 1 号的赞成票，再加上 1 号自己的票，1 号的方案可获通过。97 枚金币可轻松落入囊中。这无疑是 1 号能够获取最大收益的方案了！

钥匙把手

如果你只把把手改成另外一种形状，那么就要改三把钥匙的把手。其中两把钥匙是相邻的，另一把与它们相隔一把钥匙。这下你就可以从单个的改过把手的钥匙开始，朝着另两把改了把手的钥匙的方向，把所有的钥匙分辨出来，顺序恰是你所记的顺序。

白猫的大餐

从白老鼠起（白老鼠不数进）顺时针方向数到第 6 只。必须从这一只老鼠开始。朝一个方向（顺时针方向）绕着圈数。如果要预先确定从哪只老鼠数起，只要按圆画 12 个点和 1 个十字叉，再从十字叉开始数。按圆圈朝一个方向数，把每次数到的第 13 个点划去（如果第 13 个轮到十字叉，那就把十字叉划去），一直数到剩下最后 1 点为止。现在可以把最后这 1 点作为白老鼠，而十字叉位置就是应该开始数起的那只黑老鼠。

难等的鱼翅宴

要相隔 3628800 天，这个数字大约是 10000 年，所以是不可能的。

自恃聪明

假如 100 这个数可以分成 25 个单数的话，那么就是说奇数个单数的和等于 100，即等于双数了，而这显然是不可能的。

事实上，这里共有 12 对单数，另外还有一个单数。每一对单数的和是双数——12 对单数相加，它们的和也是双数，再加上一个单数，不可能是双数。因此，100 块壁画分给 25 个人，每个人都不分到双数是不可能的。显然，自首的盗墓者说了谎话。

蜗牛回家

答案：将立方体展开（如下图所示），A 和 B 的连线就是最短的路线。

答案如图

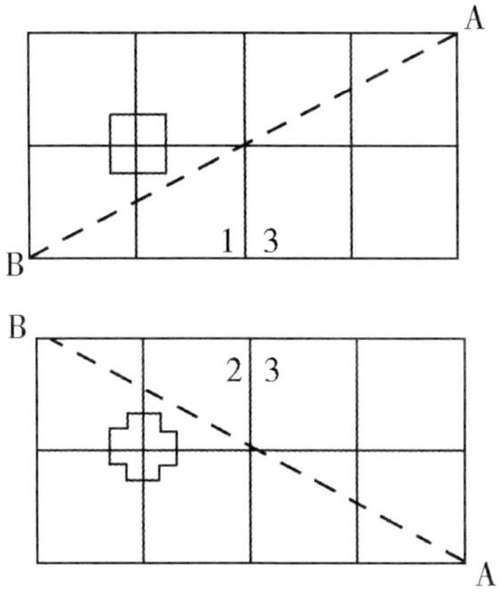

仓库管理员

把三个仓库分别命名为 A、B、C。甲、乙、丙分别拿一个房间的钥匙，再把剩下的钥匙这样安排：A 仓库内挂 B 仓库的钥匙，B 仓库内挂 C 仓库的钥匙，C 仓库内挂 A 仓库的钥匙。这样，无论谁先到，都能凭着自己保管的那把钥匙获取进入其他仓库的钥匙。

分割钝角

有人可能认为，一个钝角三角形是不可能完全分割成锐角三角形的，但事实上这是可能的。下图显示了如何把任意一个钝角三角形分割成 7 个锐角三角形。事实上，7 个锐角三角形是最低限度。也就是说，一个钝角三角形不可能分割成 6 个或 6 个以下的锐角三角形。

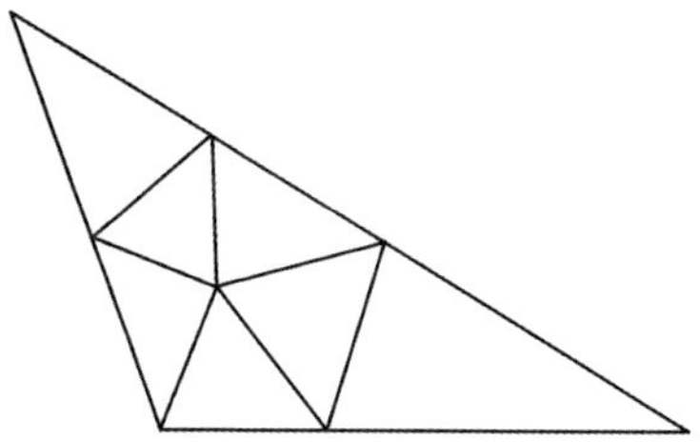

现在我们来看上述论述是基于何种分析。首先，钝角三角形中的那个钝角必须由一条直线分割成两个锐角，但这条直线不能到达对边。因为一旦到达对边就会产生一个新的钝角，已完成的步骤就会变得没有意义。也就是说，这条直线的终点必须是在三角形的内部。其次，必须至少有 5 条直线在此点上相交；否则，以此点为共同端点的三角形不可能都是锐角三角形。这样，就在该钝角三角形内部形成了一个五边形，这个五边形由 5 个锐角三角形构成，加上另外两个，共为 7 个锐角三角形。

巧移乒乓球

在桌面上不停地转动广口杯，利用离心力，使乒乓球沿着广口杯壁旋转，然后提起广口杯，一边旋转它，一边将它平移到另一张桌子上。这样，乒乓球也就随之平移到另一张桌子上了。

巧分七连环

答案：至少要被分割两次。

从第二个环与第三个环中间截断，从第三个环与第四个环之间截断。这样就形成了 2 个环在一起、1 个环、4 个环在一起的三段。第一天可以拿 1 个环；第二天把 1 个环拿回来，拿 2 个环在一起的那一段；第三天，除第二天拿的 2 个环外再拿一个环；第四天，将 3 个环都拿回来，拿 4 个环连在一起的那一段；第五天，除 4 个环连在一起的那一段外，再拿 1 个环；第六天，拿回 1 个环，拿走 2 个环连在一起的那一段；第七天，全部拿走。

第三部分

数字类培养思考力游戏

研究证明，人类的教育方式会使人类的思维活动形成一定的思维定式和心理定式，使大脑思维僵化，数字运算和数字推理类游戏，有助于打破这种思维心理的定式，使大脑思维得到“软化”，这对于独辟蹊径地解决问题无疑是极有帮助的，久而久之，思考力定会跃升一个新的台阶。

共到了多少客人

曾有一个笨夫人，在家举行晚宴。到了晚上 8 点钟，仍然有一些客人没有到，笨夫人就自言自语道："该来的怎么还不来？"这句话让先到的客人听到了，有些人心想："这么说，我们是不该到的了？"于是，有三分之一客人走了。

笨夫人看到客人走了，忙说："唉，不该走的怎么走了？"

剩下的客人听了，心里很不舒服，于是，剩下的客人又有三分之一走了。

笨夫人见事情这样后，就慌了，连忙说："我说的不是他们啊！"

最后剩下的这部分听了，心想，那么说她说的是我们了。于是，客人都要走。这时，笨夫人的丈夫回来了，赶紧挽留客人，总算把这部分客人留住，他一看，只剩下 20 个人了。

计算一下，一开始共到了多少客人？

培养指数：★★★☆☆

数学家的生平

俄罗斯有位伟大的数学家叫罗蒙诺索夫，他生活在 18 世纪。他诞生的年份，四个数字相加等于 10，而且个位数和十位数相同。他去世的年份，四个数字相加等于 19，拿十位数字去除以个位数字，商是 1，余数也是 1。

聪明的读者，你知道他是哪一年出生，哪一年去世的吗？

培养指数：★★★☆☆

说谎的慈善家

慈善家得意地说："在上个星期，我把 50 枚银圆施舍给 10 个可怜的人。我不是平分给他们的，而是根据他们困难的程度进行施舍。因此，他们每个人得到银圆的枚数都不相同。”一个聪明的青年听了很生气，说：“你是一个伪慈善家，你说的全是谎话！”这个青年为什么这样说？根据是什么？

培养指数：★★☆☆☆

小师弟的主意

一位老师傅做首饰很有名。一天他把 3 个徒弟叫来说：“这里有 90 件首饰，你们去卖，我给你们分好，大徒弟拿 50 件，老二拿 30 件，小师弟拿 10 件。卖的贵贱你们自己拿主意，但 3 人卖的价钱一样。最后你们 3 人都要交回 50 元。”东西有多有少，怎么卖一样多的钱呢？两个大徒弟发愁了。小师弟却眉开眼笑地说：“别愁，只要按我说的卖就行了。”三个徒弟真的各卖了 50 元回来，老师傅很满意。

小师弟的主意是什么呢？

培养指数：★★★☆☆

猫挽救了多少面粉

有 7 幢房子，每幢养了 7 只猫，每只猫吃了 7 只老鼠，每只活的老鼠会吃掉 7 个麦穗，而每个麦穗可以产 7 单位面粉。

这些猫挽救了多少单位面粉？

培养指数：★★★☆☆

丢失的 1 元钱

一位老伯伯靠卖蛋营生。他每天卖鸡蛋、鸭蛋各 30 个，其中鸡蛋每 3 个卖 1 元钱，鸭蛋每 2 个卖 1 元钱，这样一天可以卖得 25 元钱。忽然有一天，有一位路人告诉他把鸡蛋和鸭蛋混在一起每 5 个卖 2 元，可以卖得快一些。第二天，老伯伯就尝试着这样做，结果却只得到了 24 元。老伯伯很纳闷，鸡蛋没少怎么钱少了 1 元？这 1 元钱去哪里了呢？

培养指数：★★☆☆☆

两个牧民分钱

甲、乙两位牧民在一起吃饭，甲拿出 5 个苹果，乙也拿出 3 个苹果。这时来了一位路人，肚子饿得厉害，与他们商量说：我把仅有的 8 块钱全给你们，与你们一起吃掉苹果如何？两人觉得这主意不错，于是三人一起高兴地将苹果平分吃光了。

路人走后，两位牧民却为 8 块钱的分配争起来了。乙说：我拿出了 3 个，你拿出了 5 个，因此你该得 5 块钱，我该得 3 块钱。甲说：不对！如果将钱平分，每人该得 4 块钱，但是我比你多出了两个，因此你应再让出两块钱。

请问，两个人到底谁对？甲、乙实际应得多少钱？

培养指数：★★★☆☆

不翼而飞的 100 元

有三位好友一起到外地旅游，晚上住在当地的一家旅馆里。三人各拿出 1000 元付住宿费。后来老板知道她们三个是同乡，就只收了 2500 元的住宿费，于是叫服务生把 500 元拿去退给她们。但服务生一时起贪念，从中拿走了 200 元，只退给三人 300 元，每人各得 100 元。但是，1000－100＝900，表示每个人实际上只出了 900 元。然而，900×3＝2700，表示三个人凑了 2700 元的房租。但是，2700＋200＝2900 元。请问还有 100 元到哪里去了？

培养指数：★★☆☆☆

动了手脚的项链

从前，一位贵妇的脖子上戴着一条特别大的钻石项链。项链的坠饰上镶有 25 颗呈十字形排列的钻石。拥有这件无价之宝的贵妇，平日最喜欢清点十字架上的钻石，无论她是从上往下数，还是从左往上数或者从右向上数，答案都是 13。

但是贵妇人的三种数法，无意间被为她修理项链的工匠师知道了。当贵妇拿着被工匠师修好的坠饰，现场清点完钻石回家后，工匠师正开心看着手里从坠饰上取下的钻石。请问，工匠师在哪个地方暗中动了手脚呢？

培养指数：★★★☆☆

中奖的概率

一种奖品为高级小轿车的彩票一共发行了 120 张。

有一对情侣非常渴望得到这辆车，因此购买了 90 张彩票。

请问他们不能赢到这辆车的概率是多少？

培养指数：★★★☆☆

各有多少葡萄酒

迪伦每周都会开一个大型的单身派对。他喜欢用两个分别贴有字母 A 和 B 的酒桶装葡萄酒，而 A 桶的酒比 B 桶的酒多。

首先，将 A 桶中的酒倒入 B 桶，倒入的酒量与 B 桶的酒相等。然后，将 B 桶中的酒倒回 A 桶，倒入的酒与 A 桶中现有的酒相等。最后，再将 A 桶中的酒倒回 B 桶，倒入的酒与 B 桶中现有的酒相等。这个时候，两个桶内都有 48 升的葡萄酒。

你知道迪伦的两个酒桶原来各有多少葡萄酒吗？

培养指数：★★★☆☆

有多少颗钻石

一位在南美洲淘金的老财主不仅淘到了大量的金子，而且淘到了许多钻石。他决定用自己淘到的钻石镶成一个世界上绝无仅有的无价之宝。第一天，他决定从保险柜里取出一颗钻石；第二天，他取出了 6 颗钻石一起镶在了第一天钻石的周围；第三天，又多了一圈，变成了两圈；又过了一天，又多了一圈，变成了三圈。6 天过后，一颗钻石变成了一个巨大的钻石群，真的成了一块闪闪发光的无价之宝。

这块无价之宝一共有多少颗钻石？

培养指数：★★★☆☆

有多少硬币

安娜喜欢把钱存在一个心形小存储罐中，而且里面装的全部是硬币。当她数钱时，她发现了一个极巧的事：她的 1500 枚硬币正好是 800 元，硬币分为 1 元硬币、5 角硬币以及 1 角硬币。

你能说出这些硬币各有多少个吗？

培养指数：★★☆☆☆

香蕉的分配

有 A、B、C 三家租户，商定 9 天之内每家各打扫 3 天卫生。由于 C 家有事，没能打扫成，而由 A 家打扫了 5 天，B 家打扫了 4 天。后来，C 家买来 9 千克香蕉以表示谢意。

按 A 家、B 家所付出的劳动，该怎样分配这 9 千克香蕉呢？

培养指数：★★☆☆☆

金条的分配

一位雇主让工人为他工作 7 天，给工人的回报是一根金条。

金条平分成相连的 7 段，他必须在每天结束时给工人一段金条，如果只许他两次把金条弄断，请问他该如何给工人付费？

培养指数：★★☆☆☆

没法分的马

从前有一个老汉，临死前对三个儿子说："我不行了，咱们家只有 17 匹马。我死后，老大分 1/2，老二分 1/3，老三分 1/9，但都必须分得活马。"后来老汉死了，兄弟三人安葬了父亲便来到马圈，按老人的遗嘱分马；可是怎么分也分不开，兄弟三个一筹莫展，谁也没有办法。

正在这时，一个邻居骑马路过这里，三兄弟把父亲的临终嘱咐和分马的难处告诉了他。这个邻居略一沉思，就想出了一个分马的好办法。

邻居的办法果然很好，三兄弟按老人的嘱咐分得了各自应得的马。你知道邻居是用什么办法把马分开的？

培养指数：★★★☆☆

有趣的棋盘

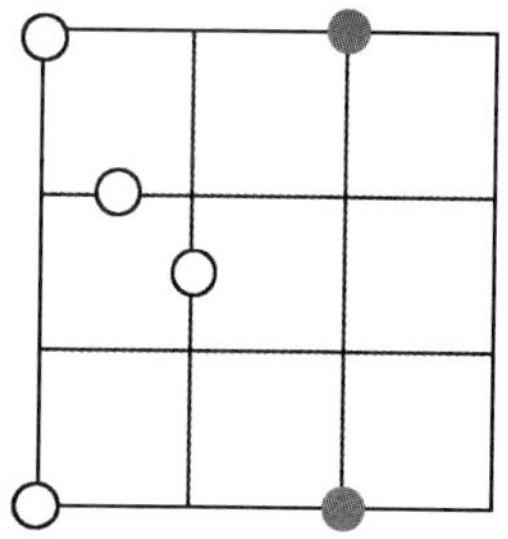

如图所示，棋盘放有 6 颗棋子，请再放 8 颗棋子，使得符合以下条件：

（1）每条横线与直线上都有 3 颗棋子。

（2）9 个小方格的边上都各有 3 颗棋子。

培养指数：★★★☆☆

蚂蚁大调兵

一只蚂蚁发现了一条死虫子，立刻回窝唤来 10 个伙伴，还是搬不动虫子。这些蚂蚁全部回窝又各招来 10 个伙伴，还是没有搬动。蚂蚁们又全部回家各自又搬来 10 个兵，还是没有搬动。蚂蚁们坚定不移，又各自回去搬兵，每只招来 10 个伙伴，终于把虫子拉回了家。一共出动了多少蚂蚁？

培养指数：★★★☆☆

小偷解密码（一）

小偷意外地偷到了一个保险箱，他猜想里面一定有很多钱，可是不知道密码，怎么打开呢？

他看着这个保险箱。密码锁上有 5 个铁圈，每个圈上有 24 个英文字母，只要把 5 个圈上的字母对得与密码相符就行了。他想，干脆自己一个一个对，肯定能把这个保险箱打开。

如果靠小偷的这种方法，这个小偷至少要多长时间才能打开这个保险箱？

培养指数：★★★☆☆

小偷解密码（二）

一个小偷溜进了一位富翁的家，并在地下室找到了秘密保险柜。事先这位小偷就如何破解密码一事请教了一位高人。这位高人告诉他：“开保险柜之前，要转动密码锁里圈的数字盘，只有在里圈的数字与外圈的数字相加，每组数字之总和都相同时才能打得开保险柜。”

小偷越算越糊涂，怎么也打不开保险柜。事实上，只要将外圈的 5 和内圈的另一个数对加在一起，里外的每组数之和就会相同。你知道这个数是几吗？

培养指数：★★★☆☆

最短时间过桥

漆黑的夜晚，四位旅行者走到一座狭窄而且没有护栏的桥边。如果没有手电筒照路的话，大家是无论如何也不敢过桥的。但很不巧，四个人一共只带了一只手电筒，而桥窄得只够让两个人同时通过。如果各自单独过桥的话，四人所需要的时间分别是 3、4、6、9 分钟；而如果两人同时过桥，所需要的时间就是走得比较慢的那个人单独行走时所需的时间。你能设计一个方案，让这四人用最短的时间过桥吗？

培养指数：★★☆☆☆

二马三牛四羊

有 2 匹马、3 头牛和 4 只羊，它们各自的总价都不满 1 万文钱。如果 2 匹马加上 1 头牛，或者 3 头牛加上 1 只羊，或者 4 只羊加上 1 匹马，那么它们各自的总价都正好是 1 万文钱了。马、牛、羊的单价各是多少文钱？

培养指数：★★★☆☆

水多还是白酒多

桌子上放着两个同样大小的杯子，第一个杯子里装着白酒，第二个杯子里装着水，白酒和水一样多。先用小勺从第一个杯子中取出一勺白酒倒入第二个杯子中；把第二个杯子中的液体搅匀后，再从第二个杯子中舀一勺酒和水的混合液体倒回第一个瓶子中。

这时，白酒中的水和水中的白酒，哪一个更多呢？

培养指数：★★★☆☆

损失了多少钱

一天傍晚，烧鸡店来了一位顾客，拿出 100 元想买一只烧鸡，但烧鸡店老板没有零钱找给他，于是就拿了那张 100 元钱去了隔壁的超市，在那里换了零钱，然后回来。一只烧鸡 12 元，于是老板又找给顾客 88 元钱。

等顾客走了一段时间，超市老板过来，告诉烧鸡店老板刚才和他换的那张钱是假的，所以烧鸡店老板只好拿出一张真钱把假钱换了回来。他感觉今天太倒霉了，赔了这么多钱。

算一算，他一共损失了多少钱物？

培养指数：★★☆☆☆

猜公主的年龄

一位慈爱的国王送给自己喜爱的三位公主共 24 颗宝石，这些宝石如果按三位公主 3 年前的岁数来分，可以正好分完。

小公主在三位公主中最伶俐，她提出建议："我留下一半，另一半给姐姐平分。然后二姐也拿出一半让我和大姐平分。最后大姐也拿出一半让我和二姐平分。"两位姐姐同意了，结果三位公主的宝石一样多。

三位公主的年龄分别是多少呢？

培养指数：★★☆☆☆

能否按时归队

三个士兵请假出去玩，按照规定，他们必须在晚上 11 点之前赶回兵营。可是他们玩得太高兴了，忘记了时间。当他们想要往回赶的时候，已经是晚上 10 点零 8 分钟了，这时他们离兵营还有 10 千米的距离。如果跑着回去，需要 1 小时 30 分钟；如果骑自行车回去，需要 30 分钟。但他们只有一辆自行车，并且自行车只能带上一个人，所以必须有一个人要跑着回去。

他们能全部及时赶回去吗？

培养指数：★★☆☆☆

一共多少士兵

国王要领兵出征，出发前要来一次检阅，他命令士兵每 10 人一排排好，谁知排到最后缺 1 人。国王认为这样不吉利，改为每排 9 人，可最后一排又缺 1 人，改成 8 人一排，仍缺 1 人，7 人一排缺 1 人，6 人一排缺 1 人……直到两人一排还是凑不齐。

国王非常懊恼，以为老天跟自己过不去，不到 3000 人的队伍怎么也排不齐，只好收兵作罢。

难道真是老天在作怪吗，还是有人在做恶作剧？为什么国王的士兵数目老凑不成整排呢，你能猜出一共是多少士兵吗？

培养指数：★★★☆☆

环环紧扣

把 1～8 填入双环中的各个小圆圈中。如果填得正确，可使双环的每个圆环中的小圆圈里的数字之和都为 21，如下图所示。那么，你能否把 7～14 填入双环中的圆圈里，使每一个圆环中的小圆圈里的数字之和为 51？或者是把 13～20 填入圆圈里，使每一个圆环的小圆圈中的数字之和为 81？

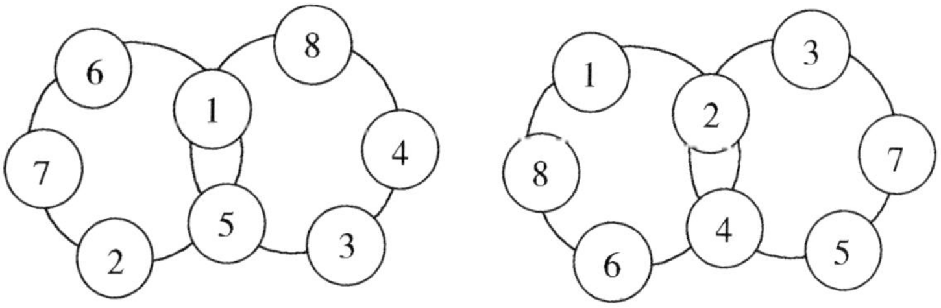

培养指数：★★★☆☆

分数方阵

请你将 1、1/2、3/2、1/3、2/3、4/3、1/6、5/6、7/6 这 9 个数填入下图左侧方阵的 9 个空格内，使每行、每列、每条对角线上的 3 个数的和都相等。

请把 1/2、1/3、1/4、1/6、3/8、5/12、5/24、7/24、11/24 这 9 个数填入下图右侧方阵的 9 个空格内，使每行、每列、每条对角线上的 3 个数的和都相等。

培养指数：★★★☆☆

数字矩阵

观察这个矩阵。你能填上未给出的数字吗？

培养指数：★★★☆☆

1	1	1	1
1	3	5	7
1	5	13	25
1	7	25	?

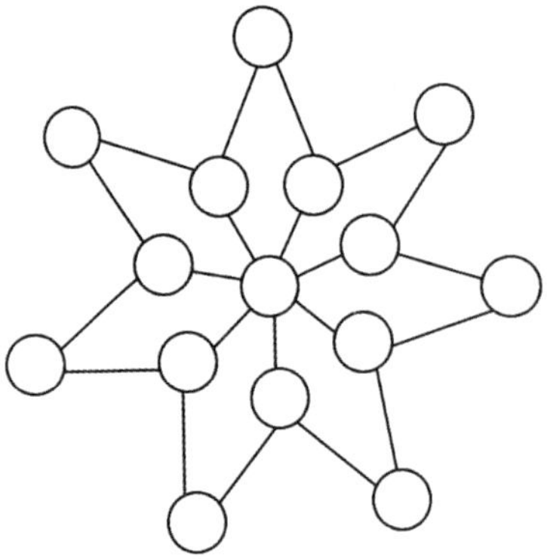

七角星

如下七角星中有 15 个小圆圈。请把 1～15 这 15 个数分别填入圆圈中，使每一个菱形中的 4 个数的和都为 30。快试一试吧！

培养指数：★★★☆☆

从 1 到 19

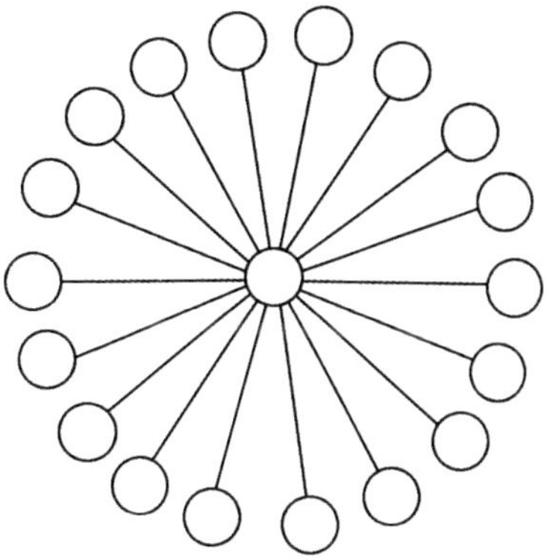

将 1 到 19 的数字分别填在图中的 19 个小圆圈中，使得任何一条直线上的三个圆圈职的数字之和都等于 30。

培养指数：★★★☆☆

数字六边形

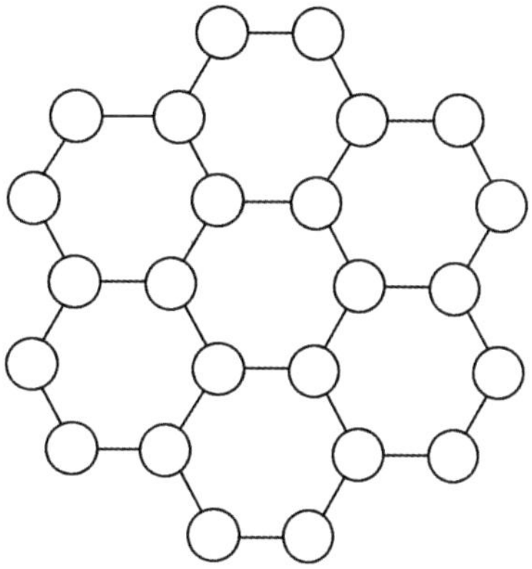

请把 1～24 共 24 个数，分别填进小圆圈里，使每个六边形六数之和皆为 75。你能填吗？

培养指数：★★★☆☆

数字是 1

在下面的数字中挑选出 5 个数字进行运算，得出的答案为 1。请你找出这 5 个数，并说明按什么顺序运算？

+190　×12　−999　×4

−87　+29　×9　−576

−94　+65　×22　−435

×7　×8+17　+117

培养指数：★★★☆☆

数字箭靶

这箭靶上有一些数字，根据变化规律，写出空格的数。

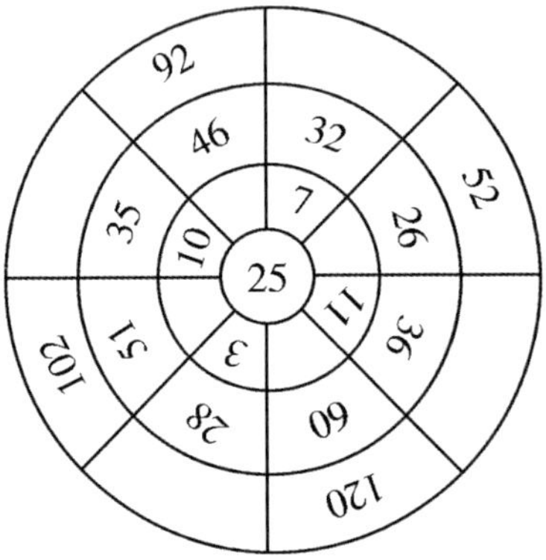

培养指数：★★★☆☆

中央数字

1～8 中哪个数字能填在下面的图案中？

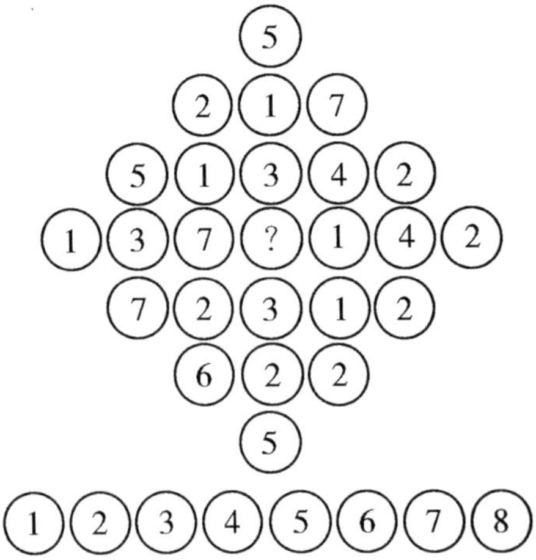

培养指数：★★★☆☆

孩子的年龄

两位美国数学家在飞机上相遇。

“如果我没记错的话，你有3个儿子，”乔治说，“他们现在多大了？”

“他们年龄的乘积是36，”约翰说，“他们年龄的和则恰是今天的日期。”

“对不起，约翰，”一分钟后乔治开口道，“你并没有告诉我你儿子的年龄。”

“哦，忘记告诉你了，我的小儿子是红头发的。”

“啊，那就很清楚了，”乔治说：“我现在知道你的3个儿子各是多大了。”

乔治是怎么知道约翰孩子的年龄的？

培养指数：★★★☆☆

原来的数字

你任意写一个3位数，把这个3位数再重新写一遍，组成一个6位数，如427重复为427427，将此6位数除以7，再除以11，再除以13，你会发现一个奇怪的现象，得数一定还是你原先写的427。

例如：427427÷7＝61061

61061÷11＝5551

5551÷13＝427

请你解开这个谜？

培养指数：★★★☆☆

留下的遗产

一位富翁生前的遗嘱中这样写道：“我的妻子如果生个男孩，就把我财产的 2/3 给儿子，余下的 1/3 给妻子，如果生女孩，就把我财产的 1/3 给女儿，2/3 给妻子。”两个月后，他的妻子生下来一男一女龙凤胎，这份遗产该怎样分呢？

培养指数：★★★☆☆

答案及解析

共到了多少客人

刚开始一共到了45个客人。

数学家的生平

数学家生于1711年，死于1765年。

说谎的慈善家

慈善家自称施舍了50枚银圆，分给10个人，如果每个人得到银圆的枚数都不相同，最少的1枚（不能比这个数再小了）、2枚、3枚……10枚。如此算来，要让十个人拿到枚数不同的银圆，至少要1＋2＋3＋……＋10＝55（枚），50枚银圆根本不够分的。

小师弟的主意

每人的首饰中都有一些精品，先选出来，老大选出1件，老二选出2件，小弟选出3件，余下的按7件5元成套卖出。大哥的7套卖35元，二哥的4套卖了20元，小弟只1套卖5元，价格一样。精品按15元一件卖出，大哥得15元，二哥得30元，小弟得5元，价格还是一样，而每人都卖够了50元。

猫挽救了多少面粉

16807，就是7×7×7×7×7＝16807。这个问题来自古埃及的“莎纸游戏”，由阿米斯记载于公元前1850年。这或许是世界上最早的智力题，它们激发了后人的许多灵感。

丢失的1元钱

原来1个鸡蛋可以卖得1/3元，1个鸭蛋可以卖得1/2元，但是混着卖之后平均1个鸭蛋或者鸡蛋都卖得2/5元钱。因为（1/2＋1/3）－2×2/5＝5/6－4/5＝1/30。

那么，混卖后的所得就减少了30×1/30＝1（元）。

两个牧民分钱

两个人都不对。

一共有8个苹果，于是三人每人吃到8/3个苹果。乙实际上给出了1/3个苹果，甲给出了7/3个苹果。按贡献比例，乙只应得到1块钱，甲则应得到7块钱。

不翼而飞的 100 元

每个人确实只出了 900 元，所以 900×3＝2700，也就是实际上进出的只有 2700 元，而不是 3000 元：

2700 元中，老板收了 2500 元，服务生拿走了 200 元，所以正确的算法应该是 2500＋200＝2700，不多不少；题目中的 2700＋200 是偷换命题的错误算法。

动了手脚的项链

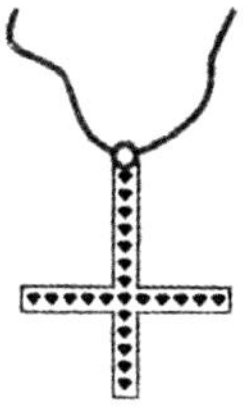

工匠师只要在水平一排的两端各偷走一颗钻石，再将最底下的一颗钻石移到最顶端，即可蒙骗贵妇。

中奖的概率

这对情侣有 90 种可能会赢，有 30 种可能会输，因此他们不能赢到这辆汽车的概率是 30/120，即 1/4（25%）。

各有多少葡萄酒

A 桶中原来有 66 升的葡萄酒，B 桶中原来有 30 升的葡萄酒。

有多少颗钻石

开始时只有 1 颗，第二天出现了 6 颗，第三天又出现了 12 颗，三天后又出现了 18 颗。计算公式为：1＋6＋12＋18＋24＋30＋36＝127 颗。

有多少硬币

每种面值的硬币各有 500 枚，它们依次为：500 枚 1 元硬币＝500 元，500 枚 5 角硬币＝250 元，500 枚 1 角硬币＝50 元。

香蕉的分配

A 家得 6 千克，B 家得 3 千克。A、B、C 三家对打扫卫生的分工关系是每家各打扫 3 天，A 与 C 的关系是帮助 2 天与被帮助 2 天的关系：B 与 C 的关系是帮助 1 天与被帮助 1 天的关系。要注意，不要把 A、B 两家自己所应扫的 3 天重复计算在内。这样，C 对 A、B 的报酬就只能按 2∶1 的比例划分，而不是按 5∶4 的比例划分。所以，A 应得 6 千克，B 应得 3 千克。

金条的分配

因为只允许两次弄断金条，那么我们先看看该怎么分才合理。

首先，由于是分两次弄断，就说明该金条被分成了三份。在分的过程中，我们要考虑到必须每天结束时给工人一段，那么第一天应得的是1/7，所以其中一份必须是1/7。

然后我们考虑一下，剩下的6/7我们该怎么分成两份，第二天工人也应该得到1/7，两天他一共得到了2/7。这时候，我们有两种分法：第一种是第二天再给工人1/7，第二种是给工人2/7，让工人找回1/7。

显然第一种方法行不通，因为剩下的是5/7，到第三天就没有办法了。所以第二种方法可取，那么剩下的是4/7，到第三天时，可以再给他1/7，加上原先的2/7就是3/7。第四天给他那块4/7，让他找回那两块1/7和2/7的金条。第五天，再给他1/7；第六天给他2/7，让他找回1/7，和第2天一样；最后一天给他找回的那个1/7，就可以了。

没法分的马

邻居把自己的一匹马也加在一起分，那么老大得了9匹，老二得了6匹。老三得了两匹，正好剩下一匹。这一匹就是邻居的。

有趣的棋盘

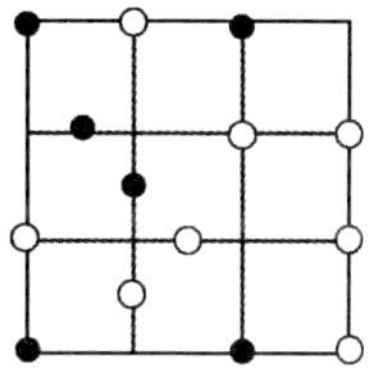

蚂蚁大调兵

14641只。

第一次：1＋10＝11（只）

第二次：11＋11×10＝121（只）

第三次：121＋121×10＝1331（只）

第四次：1331＋1331×10＝14641（只）。

小偷解密码（一）

不吃、不喝、不睡至少需要276.5天。

这是个排列组合题，5个圈上的字母全部组合一遍，次数是24^5，即7962624次，最快的操作以每次3秒钟计算，也需要276.5天。

小偷解密码（二）

里圈的数是8。

并不是要将里圈数字一一对上，只要将外圈的最小数与内圈的最大数对上就行了。这样，里外圈的数字相加都是13。

最短时间过桥

假设这四人分别为甲、乙、丙、丁。

甲、乙一起过桥用4分钟；

乙留在桥那边，甲返回用3分钟；

丙、丁一起过桥用9分钟；

留在桥那边的乙返回用4分钟；

甲、乙一起过桥用4分钟。

一共是 $4+3+9+4+4=24$ 分钟。

你把所有可能的方案都列举一遍，就会发现这是最快的方案了。其实不用列举对比，掌握了方法就可以马上设计出最佳方案。解决这个问题的思路是应该让两个走得最慢的人同时过桥，这样他们花去的时间只是走得最慢的那个人花的时间，而走得次慢的那个就不用另花时间过桥了。

二马三牛四羊

根据条件，可列出如下三个含有文字的等式：

2马+1牛=10000文①

3牛+1羊=10000文②

4羊+1马=10000文③

①式和②式等号两边分别相加，等式仍成立：

2马+4牛+1羊=20000④

同样，②式+③式，得：

1马+3牛+5羊=20000⑤

把⑤式等号两边各乘以2，减去④式。得：

2牛+9羊=20000⑥

仔细观察②式与⑥式，如果将②式乘以9，减去⑥式，就得：

25牛=70000

于是可得：

牛=70000÷25=2800（文）

把每头牛的价格代入①式，可得每匹马是3600文，从而得每只羊价1600文。

水多还是白酒多

答案是一样多。

因为两次从两个杯子中舀出的液体体积一样，所以都设为 x。假设从第二个杯子中舀出的混合液中白酒所占体积为 y，那么，倒入第一个杯子中的水的体积为 $x-y$。因为第一次倒入水中的白酒体积为 x，第二次倒回白酒杯子中的白酒是 y，所以留在水杯中的白酒体积为 $x-y$。所以，白酒中的水和水中的白酒一样多。

损失了多少钱

他损失的钱物是100元。这个

问题的要点是不要把它想得太复杂了。

猜公主的年龄

既然三人宝石一样，那最后每位公主都有8颗宝石，显然这是大公主为自己留下的数目，那大公主分宝石前是16颗宝石，而当时二公主和小公主手中应各有4颗宝石，由此推出二公主分出宝石前有8颗宝石，而小公主的4颗有两颗是二公主分出的，另两颗是她第一次分配所余，最初小公主的数就知道了是4颗。二公主得到小公主的1颗成为8颗，二公主最初是7颗，大公主自然是13颗宝石。

这是三位公主三年前的年龄，再给每人加3岁，于是可以知道小公主7岁，二公主10岁，大公主16岁。

能否按时归队

答案是肯定的，他们是能够按时归队的。

首先，让士兵甲跑步前进，士兵乙骑车带着士兵丙。士兵乙骑到全程$\frac{2}{3}$处停下，放下士兵丙，再骑车回去接士兵甲，士兵丙开始跑步往营地赶。士兵乙会在全程$\frac{1}{3}$处接到士兵甲，然后他们骑着车子往营地赶。用这种方法，他们共需用时50分钟，最终可以提前2分钟赶回去。

一共多少士兵

国王有2519个兵。

要想每排人站齐，人数必须是每排人数的倍数，或是10的倍数或是9的倍数……如果是10、9、8、7…2的公倍数，那无论怎样排都是没有问题的。10、9…2的最小公倍数是2520。现在国王的兵数是2520－1，也就是2519，自然是怎么排也缺少1人了。公倍数有许多，因兵数在3000以下，所以我们取最小公倍数正适合。

环环紧扣：

（1）填数字7～14。

此题的关键点在于两环交汇处的两个数，因为这两个数用了两次。先算出7～14的所有数字之和为（7＋14）×8÷2＝84；因为每个圆环中小圆圈里的数字之和为51，所以，两圆环数字之和为51×2＝102。因为中间的两个数字用了两次，所以这两个数之和为102－84＝18。在7～14的所有数中找出相加等于18的数，即8和10或7和11，这样一来问题就迎刃而解了。

答案如下图：

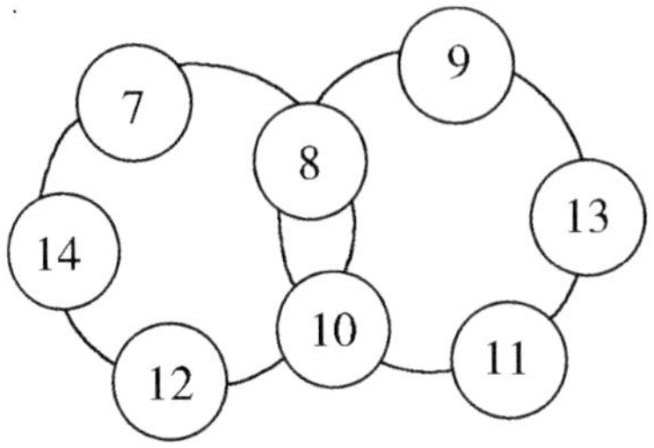

（2）填数字 13～20。

答案如下图：

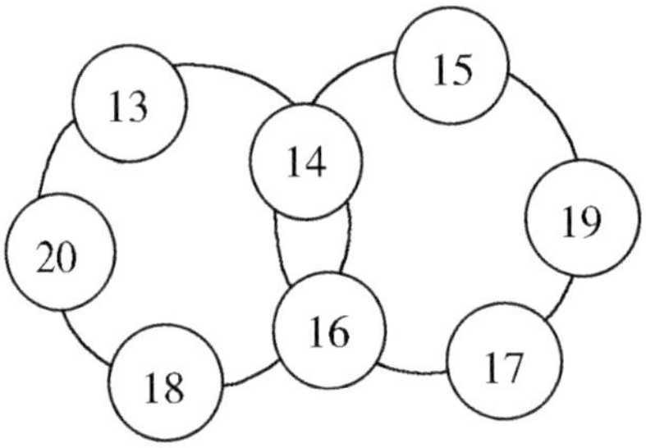

分数方阵

可以把它们化成整数，答案如图。

$\frac{2}{3}$	$\frac{3}{2}$	$\frac{1}{3}$
$\frac{1}{2}$	$\frac{5}{6}$	$\frac{7}{6}$
$\frac{4}{3}$	$\frac{1}{6}$	1

$\frac{7}{24}$	$\frac{1}{2}$	$\frac{5}{24}$
$\frac{1}{4}$	$\frac{1}{3}$	$\frac{5}{12}$
$\frac{11}{24}$	$\frac{1}{6}$	$\frac{3}{8}$

数字矩阵

对角线上的每个数都是它前一数与左右两数之和，根据这条规则，未给出的数字是 63。

七角星

答案：如下图所示：

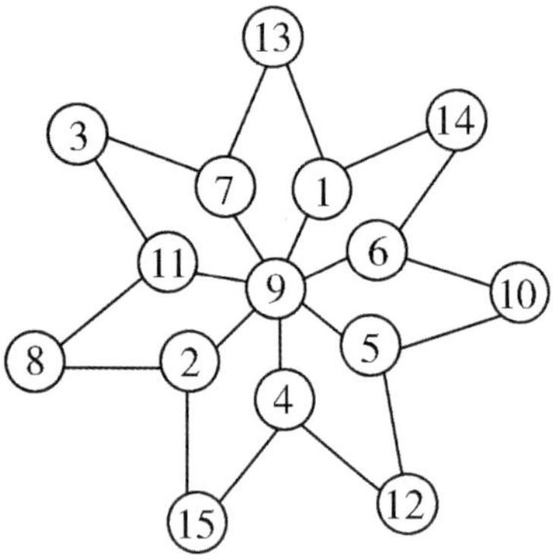

从 1 到 19

注意，1＋19＝20，2＋18＝20，3＋17＝20，依此类推，将 20 的两个被加数填在相对的圆圈中，而数字 10 填在中心的圆圈中。填法如图。

数字六边形

答案如图

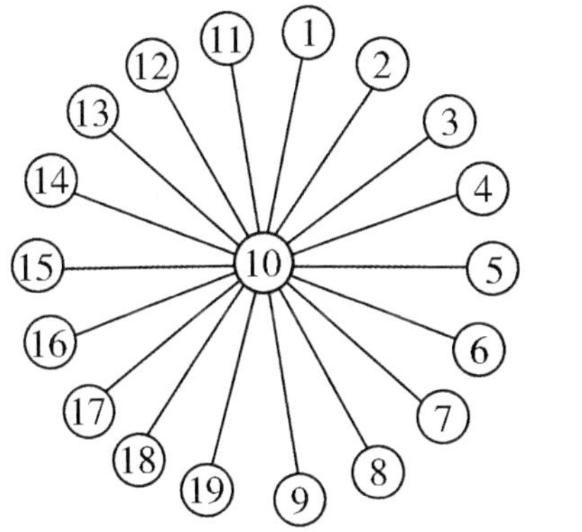

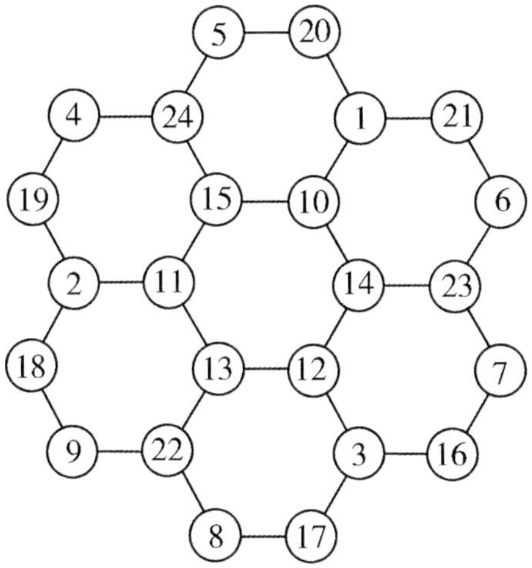

数字是 1

＋29，×7，－94，×4，－435。(29×7－94) x4－435＝1。

数字箭靶

外圈数是内圈数的 2 倍，第二内圈与第三内圈数的差是 25。外圈数是 70，64，72，56，内圈数是 21，1，35，26。

中央数字

2。

由上至下，每行数字之和依次为 5，10，15。

孩子的年龄

三个数乘积为 36，共有以下几种情况：

儿子 1 儿子 2 儿子 3 积和

11363638

12183621

13123616

1493614

1663613

2293613

2363611

3343610

因为知道了其年龄和之后，乔治不能推出这三个数，说明他们相遇的这天应该是 13 号，因为和为 13 时有两种可能。新的信息指出有一个最小的儿子，排除了一个 9 岁和两个 2 岁这种可能，因为只有一个孩子是最小的。这就告诉乔治答案了：1 岁、6 岁和 6 岁。

原来的数字

①427427÷427＝1001 即由 3 位数变成 6 位数，比原数字扩大了

1001 倍。再把 1001 分解成因数：②1001＝7×11×13。

所以我们把某 3 位数重复组成的六位数，再除以 7、11、13 恰好等于将原数乘以 1001，再除以 1001，所以得到的数必定是原数。

请你再写一个 3 位数重复成 6 位数字，试试做一下，结论必定是原数。

留下的遗产

遵照富翁的遗嘱将 4/7 的财产分给男孩，2/7 的财产分给妻子，1/7 的财产分给女孩。因为遗嘱中说，如果生男孩，孩子得到遗产的 2/3，妻子得到 1/3，男孩的财产是妻子的 2 倍；如果生女孩，孩子得到遗产的 1/3，妻子得到 2/3，女孩的财产是妻子的一半。也就是说男孩和妻子所得遗产的比是 2∶1，妻子和女孩遗产的比也是 2∶1。那么男孩、妻子和女孩遗产的分配比例是 4∶2∶1。所以富翁的遗产应按这个比例进行分配：将遗产分成 7 份，男孩 4/7，女孩 1/7，妻子 2/7。

第四部分

图形类培养思考力游戏

随着人类自然科学的不断发展，人们对物体的形状以及它们之间大小、位置关系的认识愈来愈丰富，逐渐地积累起了较丰富的以图形为基础的几何学知识。

合理地利用图形类游戏训练形象思维，可以变抽象为具体，简化思考力的前期付出，对思考力的培养颇有裨益。

奇妙幻方

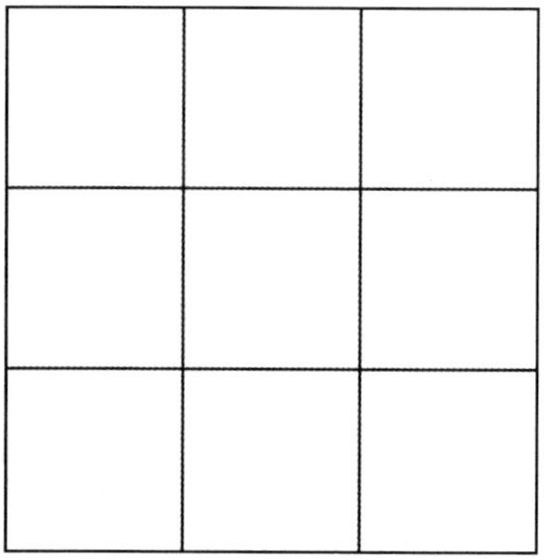

幻方是起源于我国的一种填数字游戏，而三阶幻方就是在 3×3 的方格内，填上 1～9 个数，使它的每行、每列和两条对角线上的 3 个数之和都相等。这可不是一件容易的事情，聪明的你能填出来吗？

培养指数：★★☆☆☆

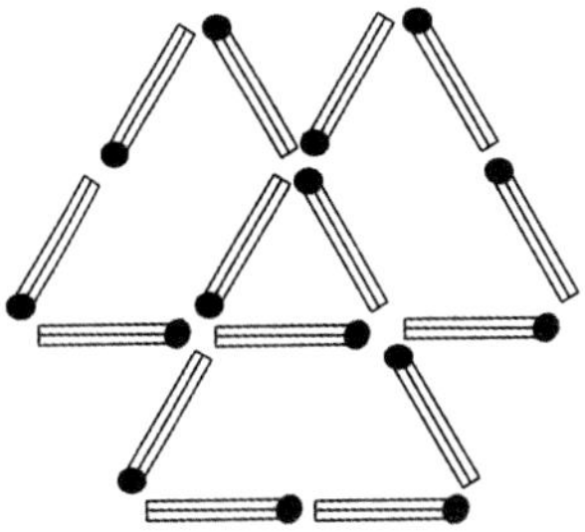

变三角形

把火柴棍组成的科案移动 4 根火柴棍，把正三角形变成 5 个。

培养指数：★★☆☆☆

一个变三个

六根火柴棍围成一个长方形，你能添加三根火柴棍，变成三个正方形吗？

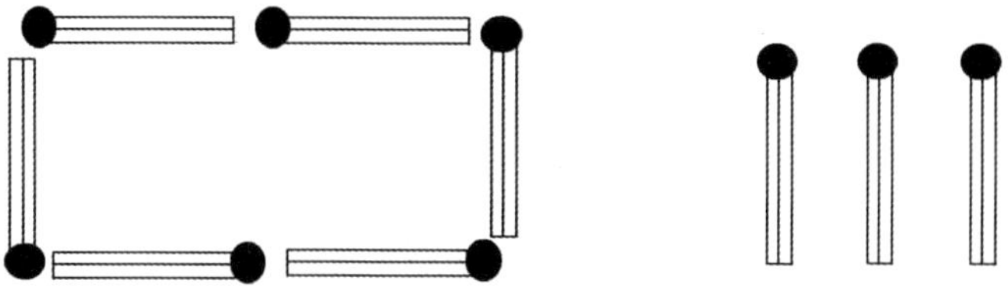

培养指数：★★☆☆☆

三个变一个

你能否用这 3 个正方形变出 1 个更大的正方形？

培养指数：★★★☆☆

井变口

水井的计量单位是“口”，人们常说“一口井”、“两口井”，等等。右图是用 16 根火柴棍排成的 个“井”字。

移动 6 根火柴棍，使它变成两个同样大小的“口”字。应该怎样移动？

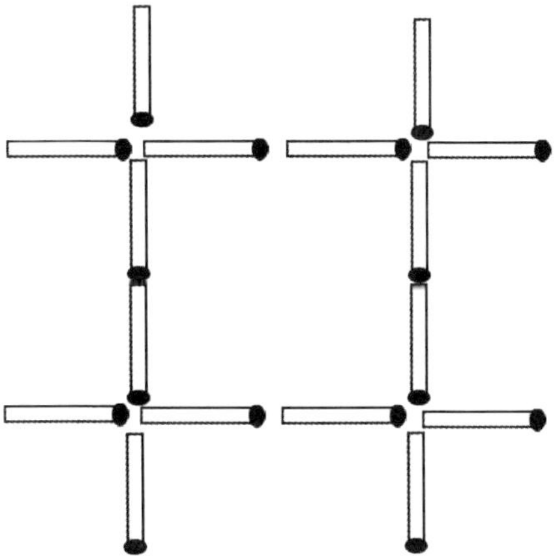

培养指数：★★★☆☆

组成矩形

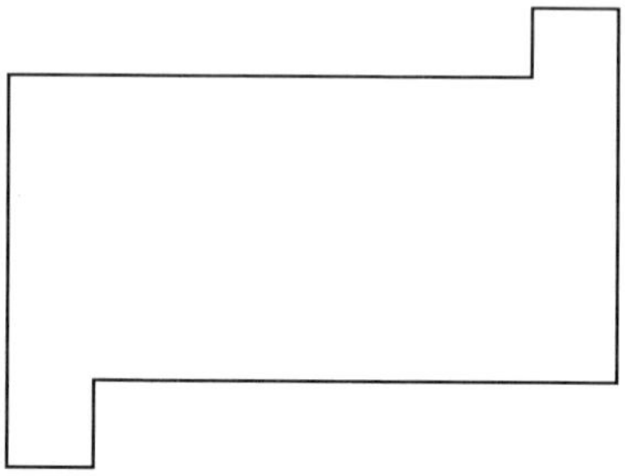

图形中有两个突出的部分，你能否将它分割成两个部分后再重新组合成一个完整的矩形呢？

培养指数：★★☆☆☆

多变少

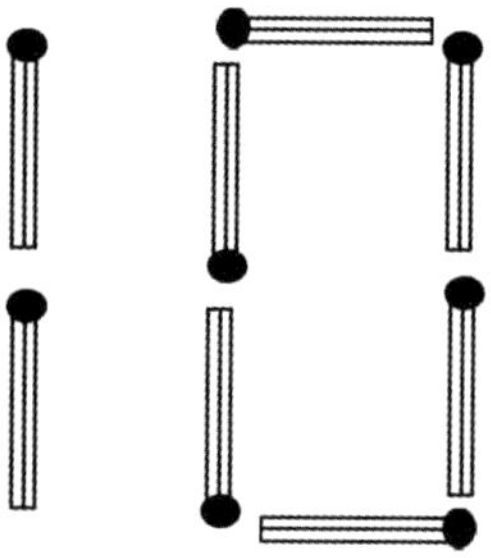

怎样将 8 根火柴棍组成的“10”字图案，移动一根变成 2？

培养指数：★★☆☆☆

移动变形

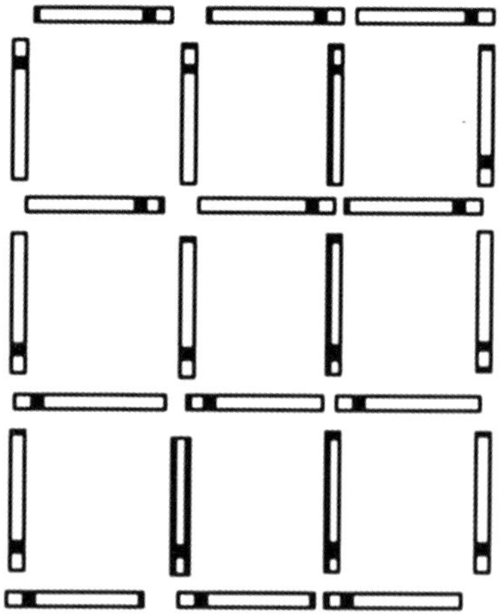

取出 24 根火柴棍，摆成如图所示的 9 格正方形。请你移动 8 次，每次都把它变成新的图形。

（1）移动 12 根火柴棍，使移动后的火柴棍形成新的相同图形；

（2）去掉 4 根火柴棍，使剩下的火柴棍构成 1 个大正方形和 4 个小正方形；

（3）去掉 4 根、6 根或 8 根火柴棍，使剩下的火柴棍形成 5 个相等的正方形；

（4）去掉 8 根火柴棍，使剩下的火柴棍形成 4 个正方形（有两解）；

（5）去掉 6 根火柴棍使剩下的火柴棍形成 3 个正方形；

（6）去掉 8 根火柴棍，使剩下的火柴棍形成两个正方形（有两解）；

（7）取出 8 根火柴棍，使剩下的火柴棍形成 3 个正方形；

（8）取出 6 根火柴棍，使剩下的火柴棍形成两个正方形和两个不规则的六角形。

培养指数：★★★☆☆

最大图形

用 8 根火柴棍可摆成许多图形，下面是一部分，它们的面积是不相同的，你看哪种面积最大，你能否摆出最大面积的图形？

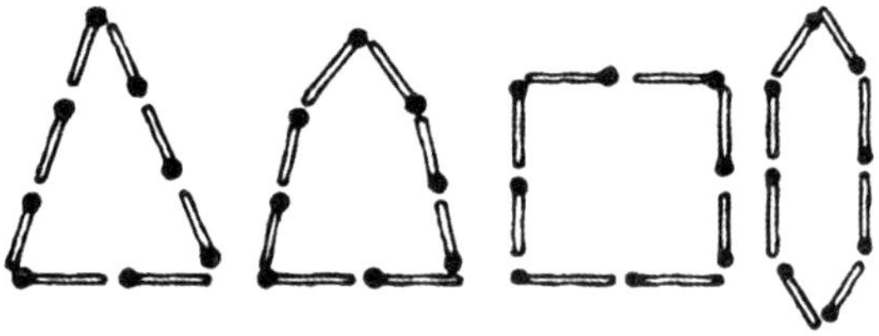

培养指数：★★★☆☆

三分天下

英、美、法 3 国各派一名探险家环球航行，探险家经过千辛万苦，终于找到一个形状奇特的岛屿。3 名探险家经过商量，决定 3 国平分这块土地，但怎样才能公平地分割这一土地呢？他们向大科学家爱因斯坦请教。爱因斯坦一笑：“太简单了，你们看，应该这样分。”三人一齐点头称对。

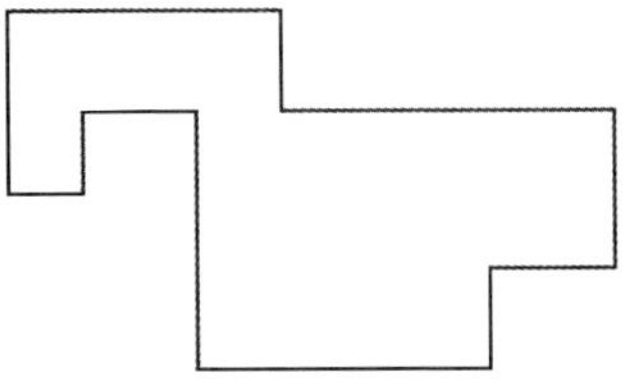

你知道爱因斯坦是怎样巧分土地的吗？

培养指数：★★★☆☆

变幻的箭

用 16 根火柴棍摆成如图所示的“箭”，请你：

（1）重摆 8 根火柴棍摆成 8 个三角形；

（2）重摆 7 根火柴棍摆成 5 个四角形。

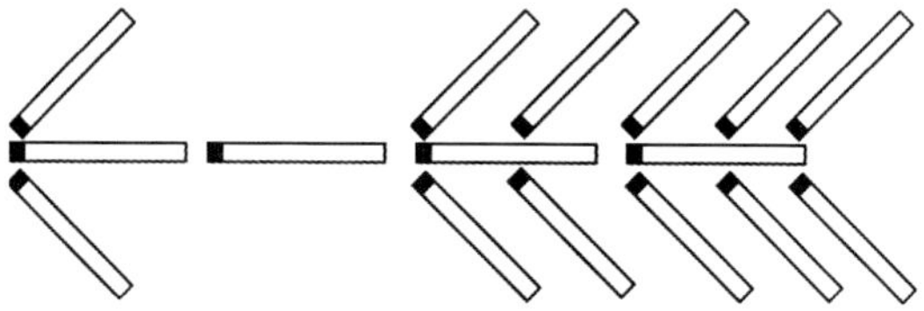

培养指数：★★☆☆☆

曲线连线

你能够把这些数字用曲线从头到尾连接起来吗？注意曲线之间不能相交。

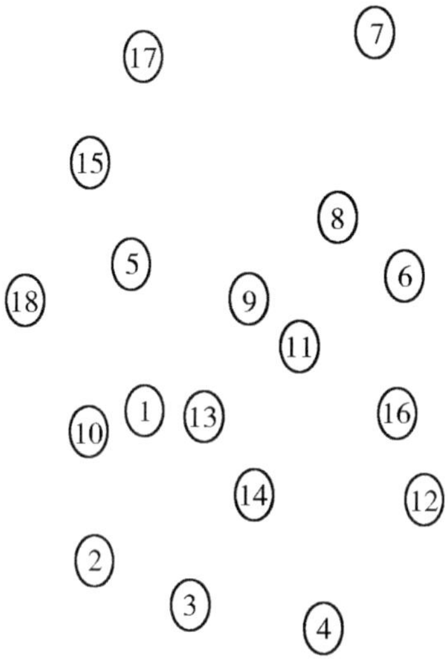

培养指数：★★★☆☆

一笔成画

本题的几个图形，请你用一笔画出来，而且不许走重复路线。应该怎么画？

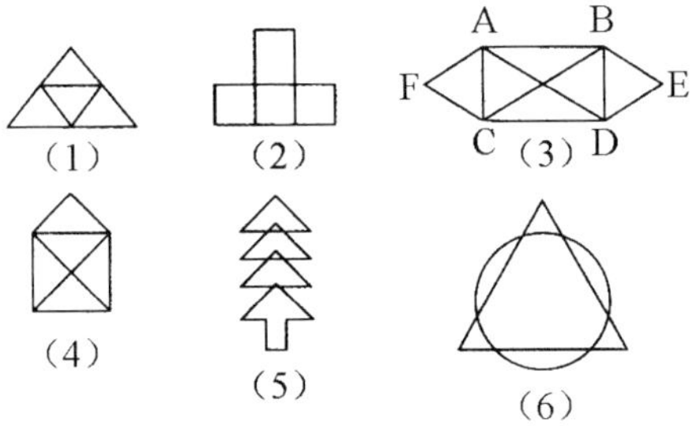

培养指数：★★☆☆☆

单笔画

仔细研究下面这些图画的奥秘，也动手画一画，看看你能否将它们一笔勾出。不过，其中有 3 幅图是不可以一笔画出的。

你能将它们找出来吗？

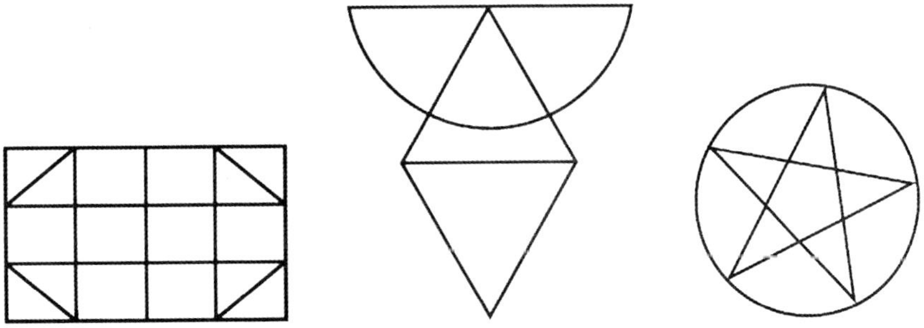

(1)　　(2)　　(3)

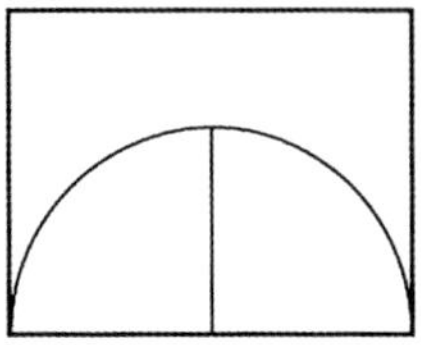

（4）

（5）

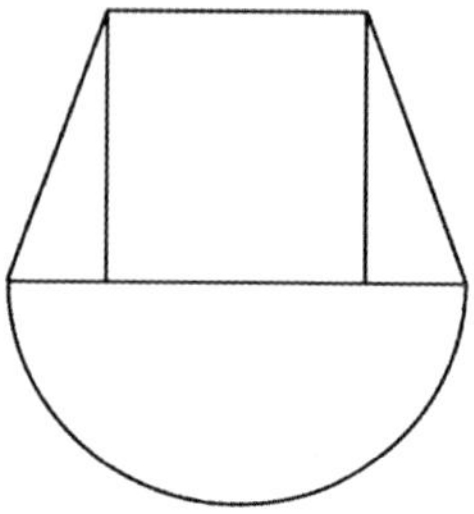

（6）

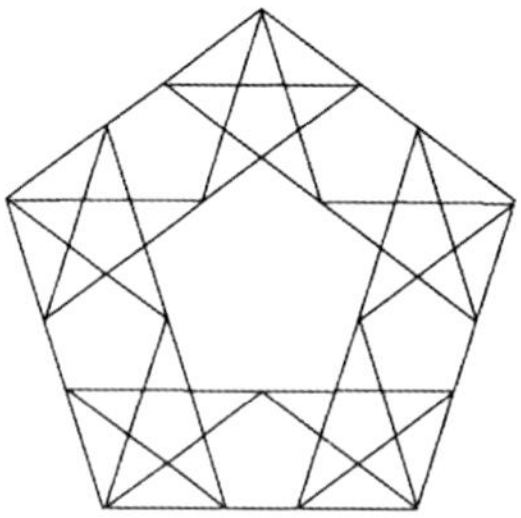

（7）

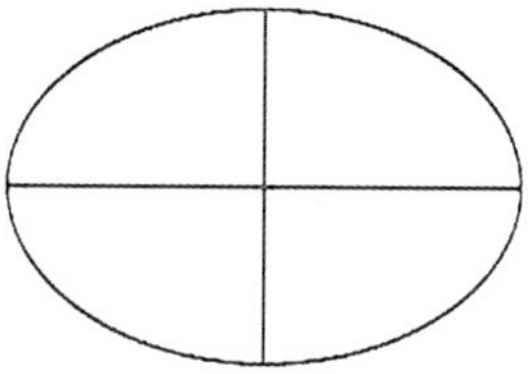

（8）

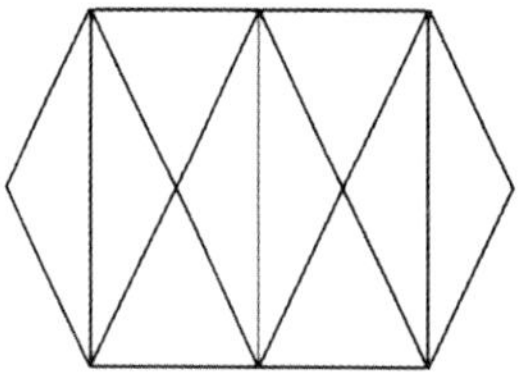

（9）

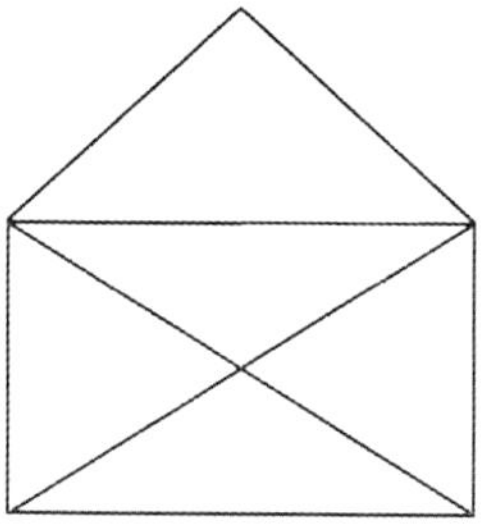

（10）

培养指数：★★★☆☆

折纸虾

有一个纸虾，是由 17 个不同几何形状的部分拼成的，如图所示。

你能迅速拼成圆形或方形吗？

培养指数：★★★☆☆

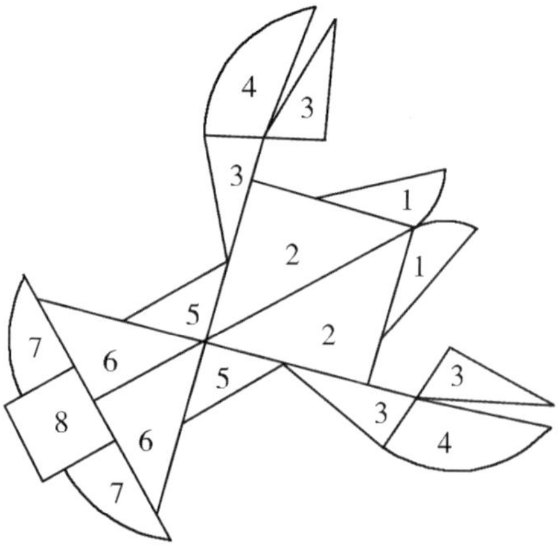

向左转

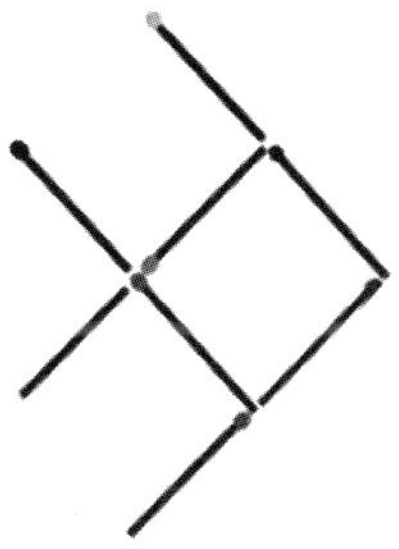

用 8 根火柴棍，能摆出 1 条向右游动的小鱼。

现在能不能只移动其中的 3 根火柴棍，使得这条鱼向左游呢？

培养指数：★★☆☆☆

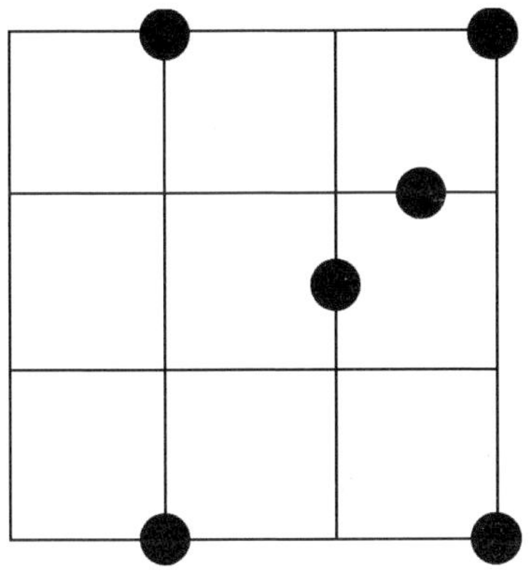

三人站岗

假设左面 3×3 的表格中，9 部分都是重要物资，而黑色的小点代表看守人员。

已有 6 个人站在格线上，现要你再加进去 8 个人，达到每条直线上都有 3 个人，9 个小方格的边上都有 3 个人，你能做到吗？

培养指数：★★★☆☆

“十”字标记

图中所展示的是一块钢质材料，约翰想用它做成一个“十”字形标记，放在铺面的前面。约翰费了很大的劲，才弄好。其实，只要沿着一条曲线锯开，就能把它做成“十”字形标记。聪明的你知道怎么锯吗？

培养指数：★★★☆☆

变形小船

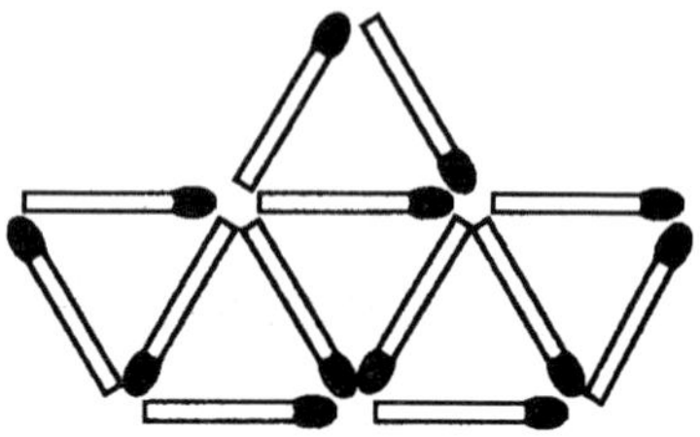

在右面由火柴棍组成的小船图案上，移动4根火柴棍，使小船变成3个等腰梯形。

培养指数：★★★☆☆

移动玻璃球

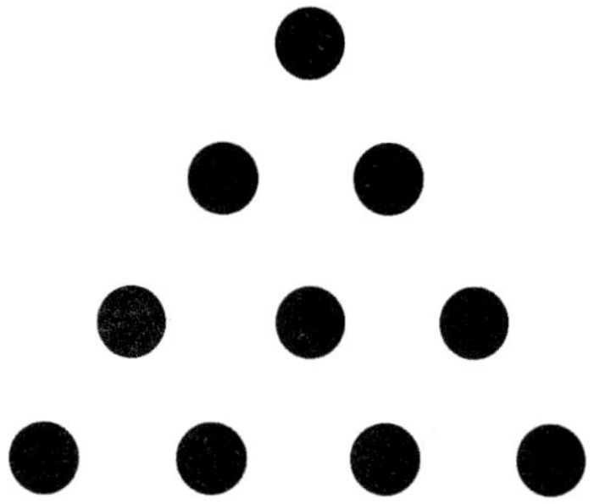

用10个玻璃球可以拼成如图的正三角形，此时三角形的一个尖朝上方，若要你只移动3个玻璃球，把三角形的尖变成朝下，你能做到吗？

培养指数：★★★☆☆

反向行走

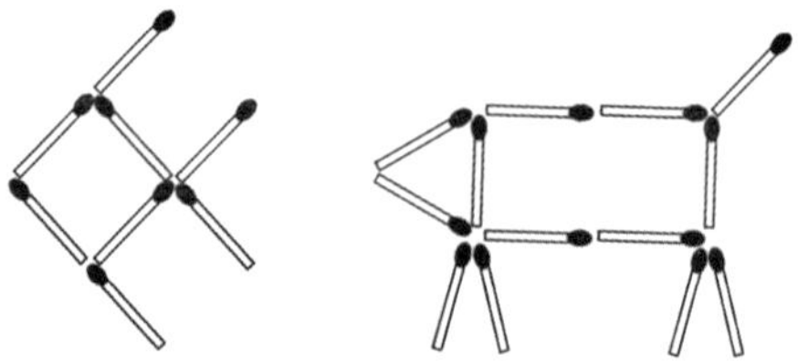

右面是用火柴棍拼出来的可爱的小鱼和小猪，请你移动火柴棍，让鱼往相反方向游，猪往相反方向走，你最少需要动多少根火柴棍呢？

培养指数：★★★☆☆

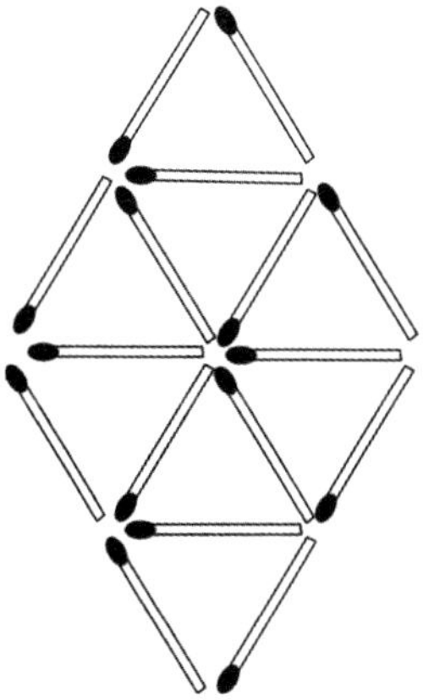

变二为四

在由 16 根火柴棍组成的两个大三角形内，你有办法拿走 4 根火柴棍，让它变成 4 个大小相等的三角形吗？

培养指数：★★★☆☆

先拿哪一根

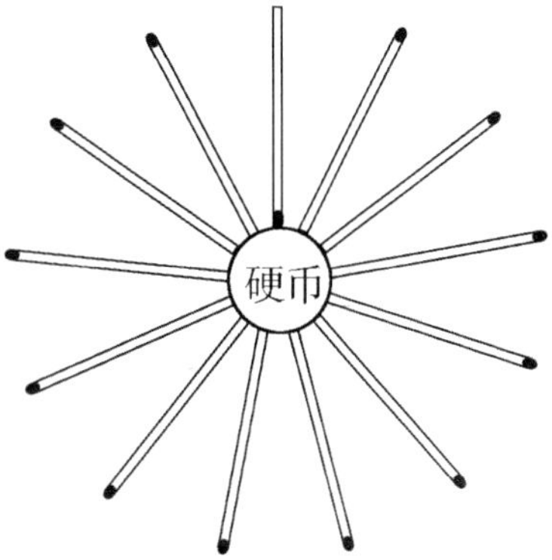

拿出 13 根火柴棍和一枚硬币（棋子或其他任何圆物）。把 13 根火柴棍均匀地围绕硬币摆上，如图所示，有一根火柴棍头部必须朝向硬币。

请你最先拿去一根火柴棍，然后围绕硬币拿数到的第 13 根火柴棍，直到剩下 1 头朝硬币的那根火柴棍为止。

第 1 根火柴棍应拿哪一根？

培养指数：★★★☆☆

倒转酒杯

用 4 根火柴棍可以分别摆成两个小“酒杯”。“酒杯”中放个硬币。不论哪只酒杯，只要移动两根火柴棍，就可使“酒杯”倒转过来，并且使硬币放在“酒杯”旁。试试看。

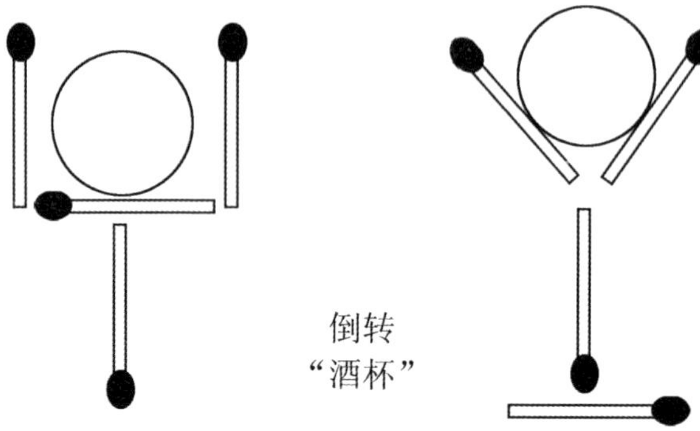

培养指数：★★★☆☆

黑白棋子

如图，取 3 个白棋子放在方格 1、2、3 内，再取 3 个黑棋子放在方格 5、6、7 内。

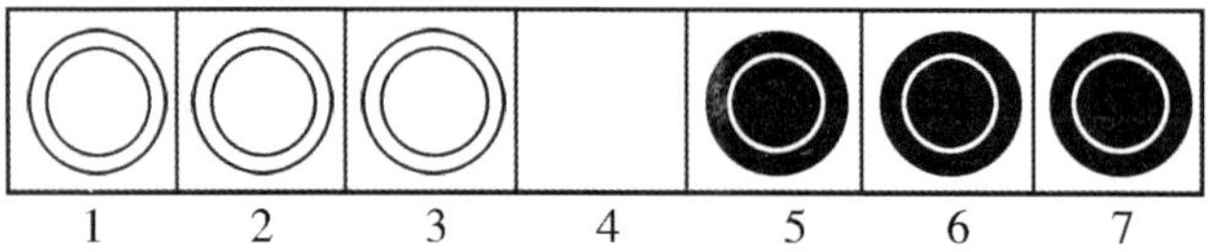

游戏是利用空格 4 把白色棋子移到黑棋子的位置，再把黑棋子移到白棋子的位置，同时必须遵守以下规定：

（1）棋子只能移到相邻格内；

（2）如果相邻棋子旁边有空格，允许跳过相邻的棋子；

（3）只允许走 15 步。

培养指数：★★★☆☆

每列三个

取出 9 个棋子在桌子上摆方阵，要使方阵每边有 3 个棋子和中心有 1 个棋子，如图所示。

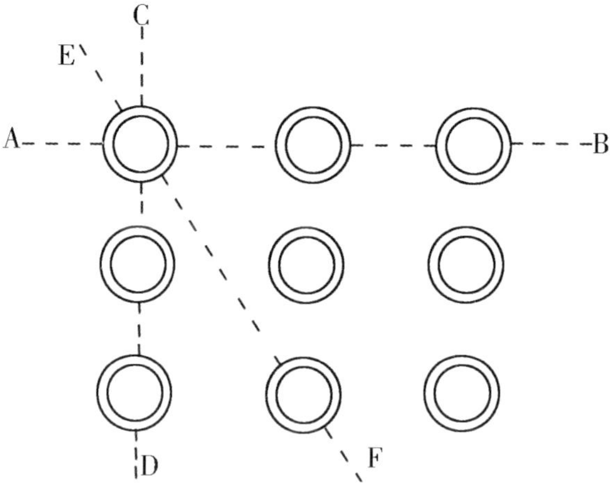

两个或更多棋子位于一条直线上称为列，如图的 AB、CD 等。

AB 和 CD 直线上有 3 个棋子，EF 直线上只有两个棋子。图中 3 个棋子一列的有多少？两个棋子一列的有多少？

现在请你去掉 3 个棋子，再把剩下的 6 个棋子摆成 3 列，而且每列有 3 个棋子。

培养指数：★★★☆☆

搭桥进堡

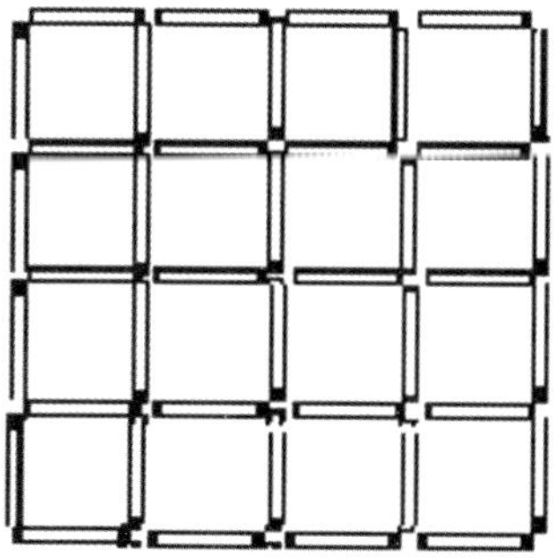

取出 16 根火柴棍摆成如图所示的堡垒，堡垒四周围着深沟，它的宽度为一根火柴棍。如果有两块长度等于沟宽度的木板，怎样搭桥过沟进入堡垒？

培养指数：★★★☆☆

家具移位

如图所示，里面摆放了不少家具，只有 2 号位置暂时没有放家具。如果要调换家具的位置，只能先把一个家具从自己的位置移动到 2 号位置，然后空出一个位置来，让别的家具移动。

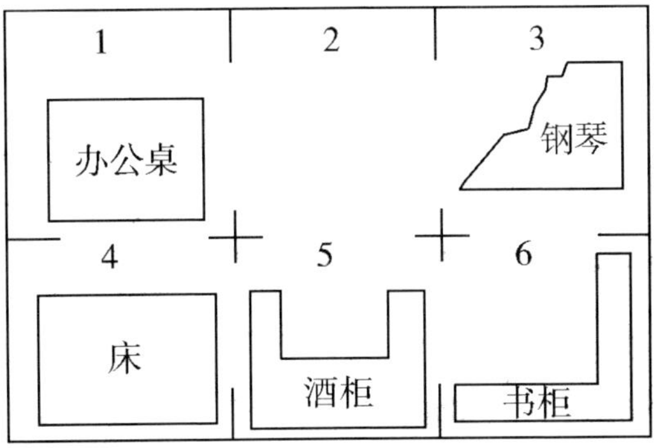

这样下去，总能解决问题的，但最少需要搬动几次，才能达到把钢琴和书柜互换的目的呢？

培养指数：★★★☆☆

等式平衡

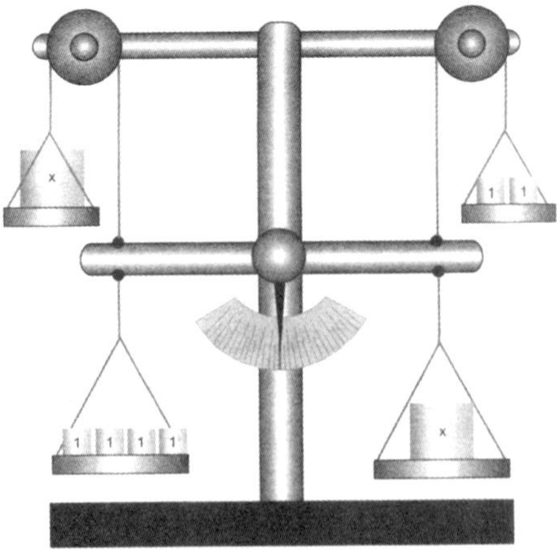

一个等式就好比一个天平。英国教师罗伯特·柯勤设计了一个天平，即在一个常规天平上加一个滑轮，如图所示。由此也就引入了“负数重物”的概念。

根据下面的图，你能否确定 x 的值？

培养指数：★★★☆☆

距离的组合

平面上的点可以相距任何距离。但一组点中两两之间只能有一个或两个距离，这种点的组合是有限的。比如两个给定的点相互间的距离只有一个。而组成等边三角形的三个点中的每一个到另外两个的距离也相等。这两个点的组合是只有一种距离的组合。

一个等腰三角形是有两种距离的组合的例子。在一个平面内，你还能发现多少其他两种距离的组合？

培养指数：★★★☆☆

螺旋变三角形

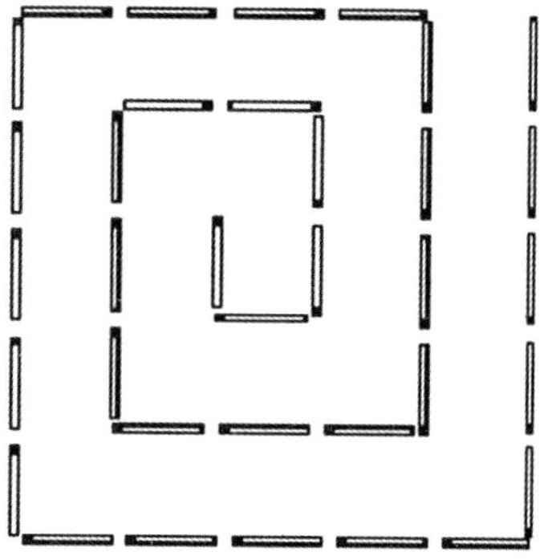

用 35 根火柴棍摆成如图所示的螺旋，你能移动 4 根火柴棍使其变成 3 个正方形吗？

培养指数：★★★☆☆

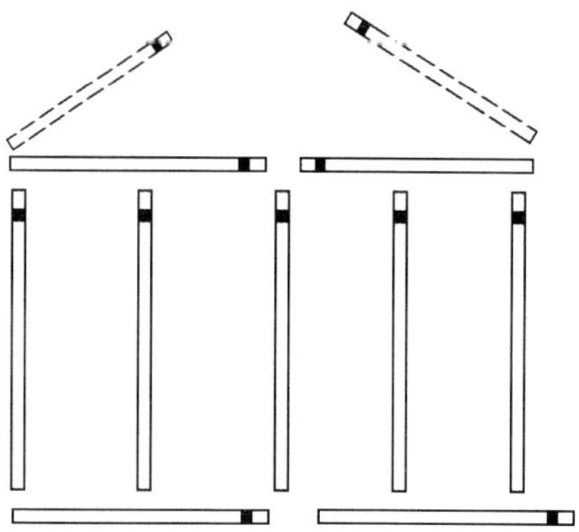

房子变正方形

取出 11 根火柴棍摆成如图所示的房子，请你重摆两根火柴棍把它变成 11 个正方形，或重摆 4 根火柴棍把它变成 15 个正方形。

培养指数：★★★☆☆

不可能搭成的桥

刚一看，这种结构的桥是搭不出来的。因为还没搭几块，桥就会重心不稳而倒塌。可是，如果脑子里有正确的思路，搭这座桥将是轻而易举的。

培养指数：★★★☆☆

十六枚相接触的硬币

在桌上平铺16枚硬币，条件是每枚硬币都与另外3枚相接触，且硬币间不能产生重叠。

培养指数：★★★☆☆

一朵八瓣花

在一张厚纸上画出如图所示正八角形，并在此八角形的中心按图准确画出八角形孔。请你把此八角形剪成8个相等的三角形，并用这8个三角形拼成一朵有八瓣的花，而且花的蕊心也是正八角形。

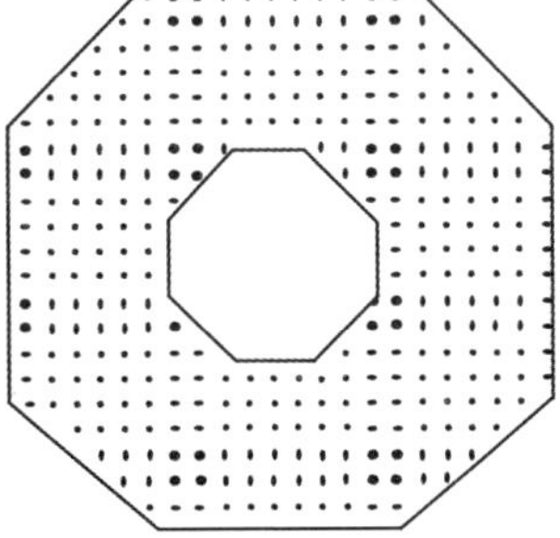

培养指数：★★☆☆☆

一笔连 9 点

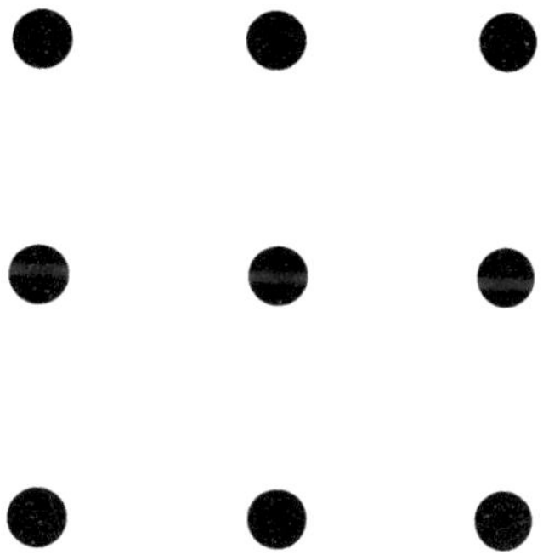

在一张纸上画出分布成方阵的 9 个圆点，如图所示。请你不离开纸面一笔画 4 条直线所有点连接起来。

培养指数：★★☆☆☆

四巧板

这是一个看似简单却使人颇费思量的难题，别看就四块，也会让你很伤脑筋的。

据说，这种拼板在西方流传近一个世纪了。西方人叫它“T 字板”，因为它的目的是要用图 1 的 4 块板拼成一个英文字母“T”（如图 2）。日本人将这种拼板命名为“博士板”。如果你对自己的能力有足够信心的话，请试着拼成图 3 的“手风琴”式。

图①

图②

图③

培养指数：★★★☆☆

四阶幻方图

一个四阶幻方图就是在一个 4×4 的带 16 个方格的方阵图中，每格分别填入 1～16 的数字，使每行、每列及两条对角线上的四个数之和都相等。

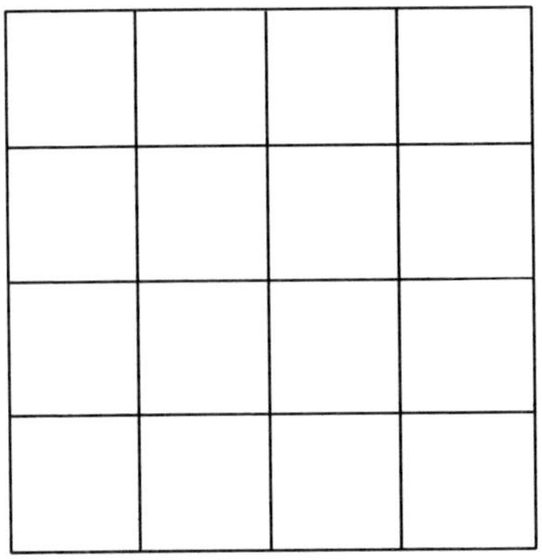

这个四阶幻方图是在印度卡俱拉霍被发现的，它是 11 世纪时刻在一个碑上的。德国画家阿尔伯特·丢勒在他 1514 年所作的蚀刻画《忧郁》中加入了这个幻方。它比一般意义上的幻方有更多的奇妙之处，它不只要求对角线的四个数之和等于 34，而且任何一条对角线上四数之和也都等于 34。也就是说，幻方的上边第一行移到最下一行，或左边第一行移到最右一行，仍是幻方。而且每相邻的四个数之和也等于 34。

1977 年，美国发射的“旅行者号”宇宙飞船上，就带了一张四阶幻方图，现在就请你来填填这个幻方图。

培养指数：★★★☆☆

等分方孔图

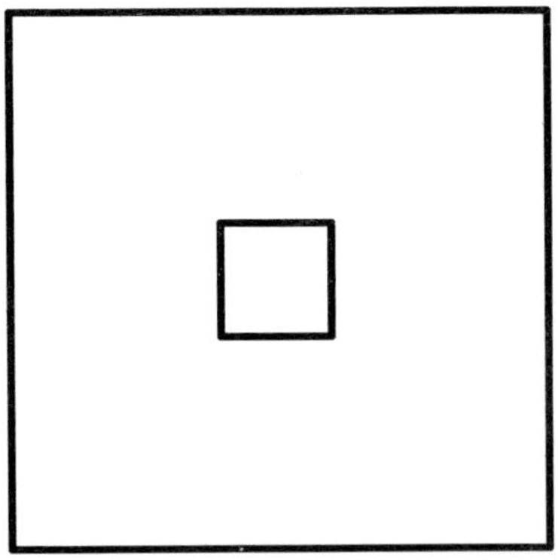

将图形分为大小和形状均相同的六等份。

培养指数：★★☆☆☆

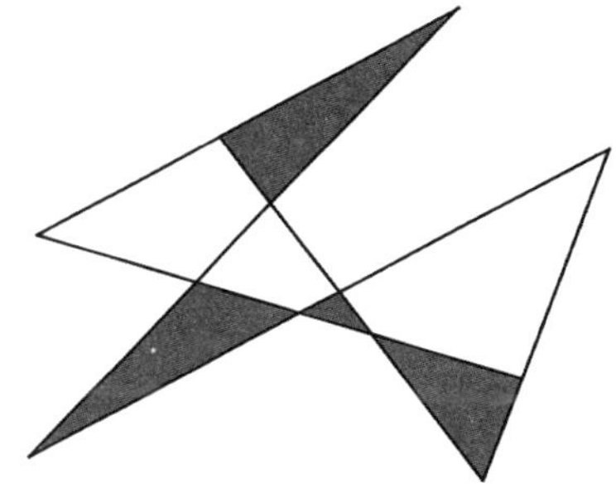

高邦三角形（一）

画 6 条连续的直线，你能画出几个没有重叠的三角形？

培养指数：★★★☆☆

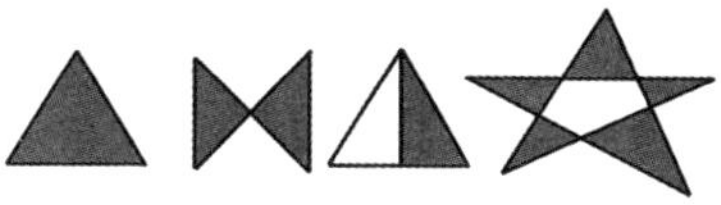

高邦三角形（二）

7 条直线可以围成几个互相不重叠的三角形？这里的图给出了 6 个三角形的答案。你能做得更好吗？

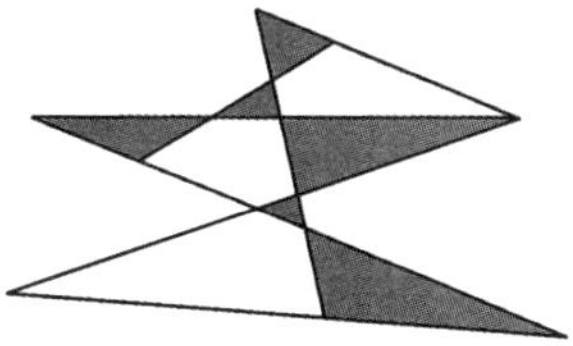

培养指数：★★★☆☆

七巧板的难题（一）

题中这两个图形都是由七巧板拼成的，只是左边的那个图形比右边的多出一块来，这么看似乎是不合理的，不过它们确实是由同一组七巧板拼成的，你能做到吗？

培养指数：★★★☆☆

七巧板的难题（二）

在通常的七巧板中，一个正方形被割成 7 块，如左图。你能否用这 7 块图形拼出这里只给出轮廓的 6 个图形（见右图）？

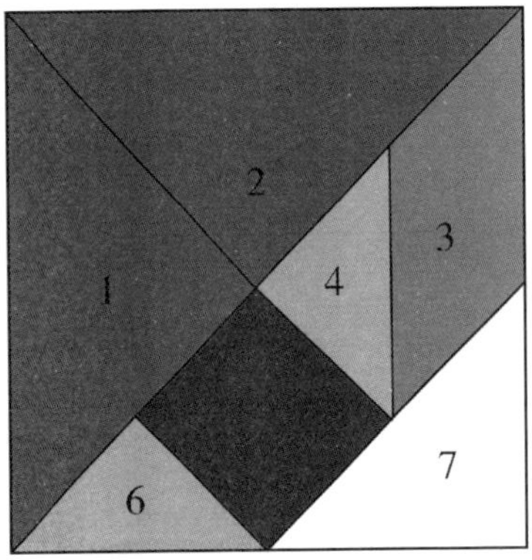

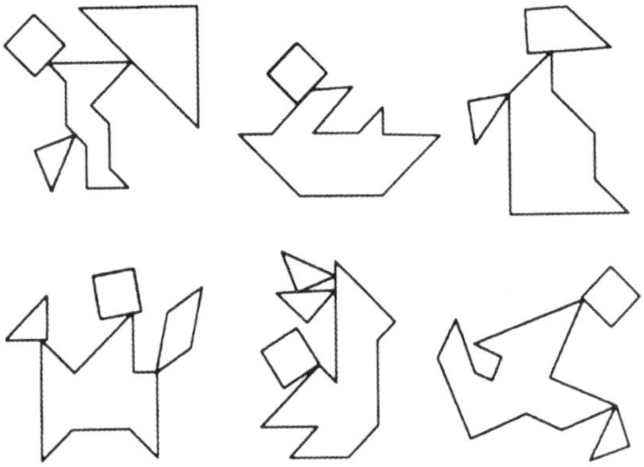

培养指数：★★★☆☆

无穷无尽的圆

图中，最外层的圆包含一内接三角形，三角形中有一内切圆，圆内又包含一内接正方形，再是一个内切圆，里面是正五边形，然后是圆、正六边形、圆、正七边形……层层嵌套下去每次正多边形的边数都加 1。随着圆越来越小，你能猜出最后这个圆会变成什么样的吗？

培养指数：★★★☆☆

诸葛亮摆棋

“三顾茅庐”的故事可谓家喻户晓。刘备请出诸葛亮后待为上宾，恭敬有加，而张飞一开始就对诸葛亮颇不服气。但自火烧新野，大破曹兵后，张飞深叹诸葛亮料事如神，用兵有方，就以师待之。

一天，诸葛亮拿出一个五角星棋盘（见图）和 10 颗棋子，对张飞说：“张将军，听说你最近用功勤读，学问颇有长进。今天我来考考你。这棋盘中共有 10 个交点，现在要你在这 10 个交点上各放一颗棋子。放棋子有个规定：先沿棋盘上某一直线依次数出三点（注意不能拐弯数），第一点和第二点必须是空位子，可在第三点上放一颗棋子。当你在棋盘上摆满 9 颗棋子后，第 10 颗棋子就可以放在最后一个交点处。你能不能做到？”

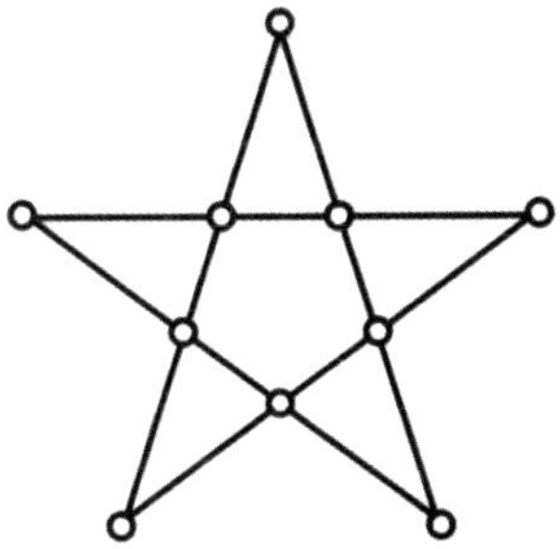

张飞一听，想：这还不容易！于是就动手摆起来。想不到的是他花了三天三夜时间，还是不能按照诸葛亮的要求摆满 10 颗棋子，最后不得不老老实实地向诸葛亮请教。诸葛亮微微一笑，三弄两摆，就把棋子摆好了。

诸葛亮是怎样摆棋子的？

培养指数：★★☆☆☆

高斯拼图

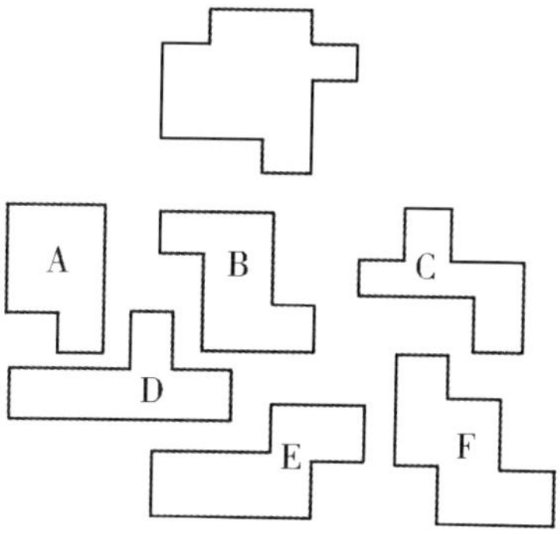

数学家高斯因其杰出贡献而被誉为“数学王子”，但并不是所有的人都对他心悦诚服。有一天，一个自诩为天才的傲慢青年来找高斯，妄图出一道难题难倒高斯，让他出丑。他拿出 A、B、C、D、E、F 6 块拼板，让高斯选出两块拼成上面的图形。高斯一眼扫去便发现了其中的诀窍，并想出了 3 种拼法。那青年自知冒失，便灰溜溜地走了。高斯是怎么拼的呢？

培养指数：★★★☆☆

拼图游戏

如果将零散的部分拼成示例图，哪一部分是多余的呢？

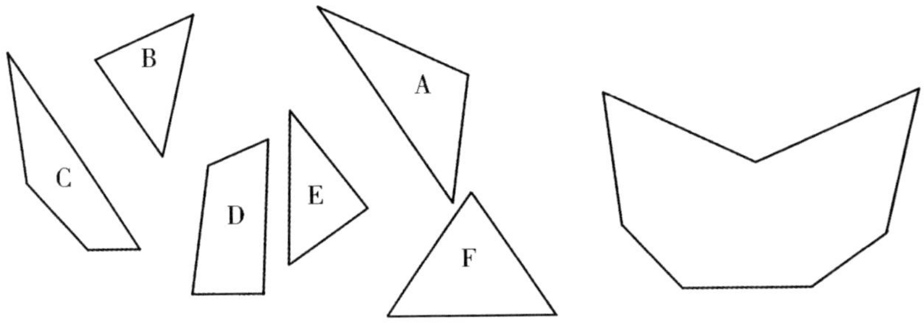

培养指数：★★☆☆☆

火柴棍游戏

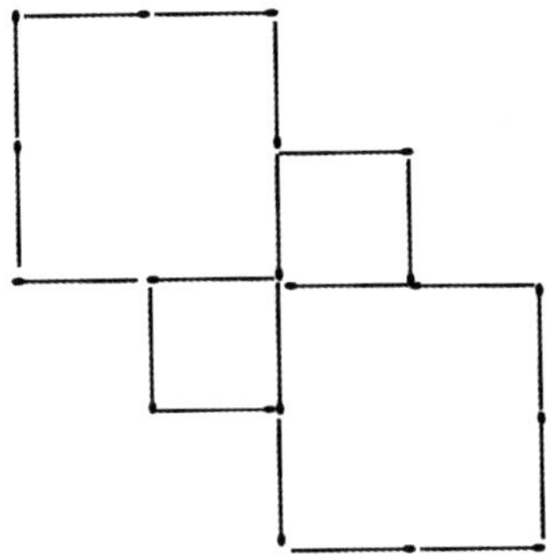

这是用 20 根火柴棍摆成的图形，要求只能移动其中的 4 根火柴棍，使它变成 3 个形状相同、面积也一样的图形。

培养指数：★★☆☆☆

填色游戏

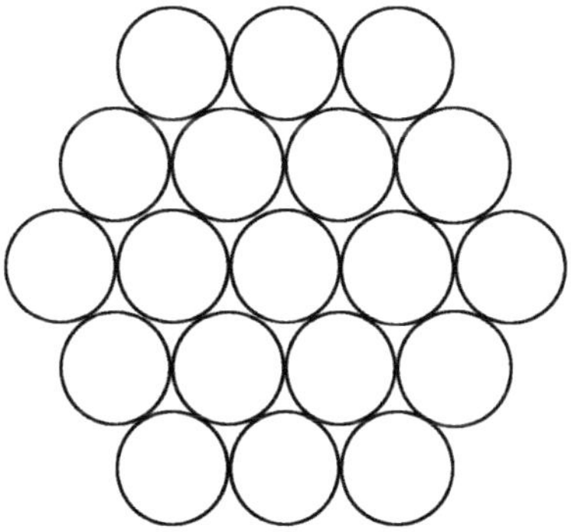

将这些圆形分别填上红、黄、蓝和绿色，使得：

（1）每种颜色的圆形至少3个。

（2）每个绿色圆形都正好和3个红色圆形相接。

（3）每个蓝色圆形都正好和2个黄色圆形相接。

（4）每个黄色圆形都至少各有一处分别与红色、绿色和蓝色圆形相接。

培养指数：★★☆☆☆

跳棋玩法

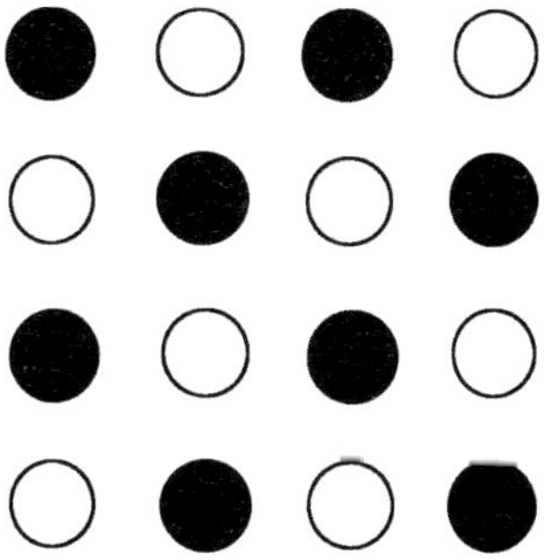

甲一个人用跳棋子在棋盘上摆图形玩，他先摆了4×4排棋子，每排都是一黑一白，如图。他现在突然想改变棋子的排列形状，让这16颗棋子分成黑的一排、白的一排，而不是一黑一白，在不减少棋子数目的情况下，他最少要移动多少颗棋子才能做到呢？

培养指数：★★★☆☆

蜂巢迷宫

你能否找到穿过这个蜂巢的最短路线？

培养指数：★★★☆☆

纸环想象

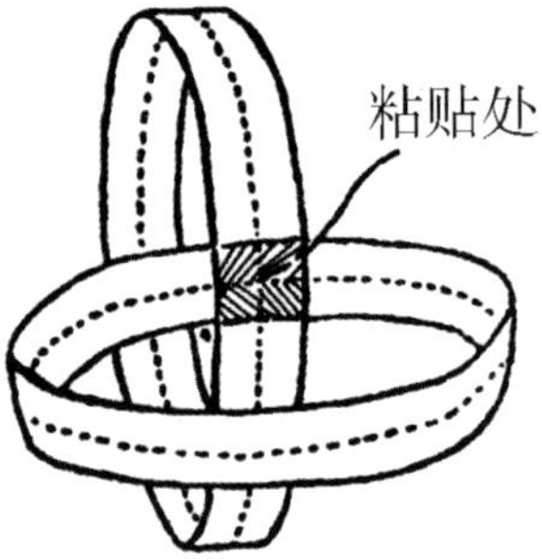

用两条宽度和长度相同的纸带做成两个圆环。把这两个圆环相互粘在一起，然后沿虚线剪开来，如图所示。

剪开之后的形状是什么样子？

培养指数：★★★☆☆

碎木成形

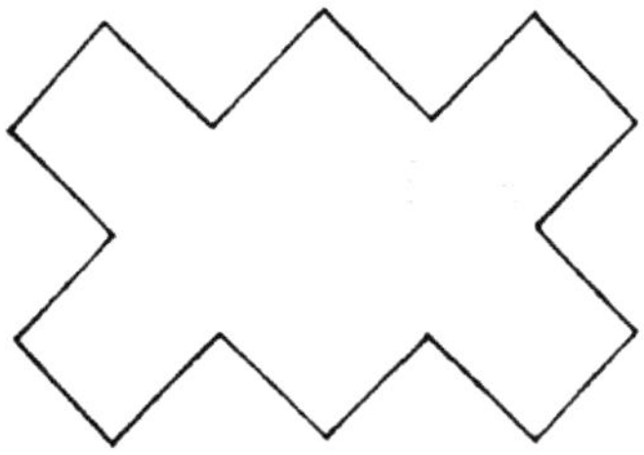

有一块形状特别的木板，如图所示。现将它拼成一个正方形，但前提是只能用锯子锯两次。该如何做？

培养指数：★★★☆☆

巧拼桌子

有如图的三组木板，要分别把它们拼装成最简单形状的桌面，请问应该怎样设计拼装为好？

（1）

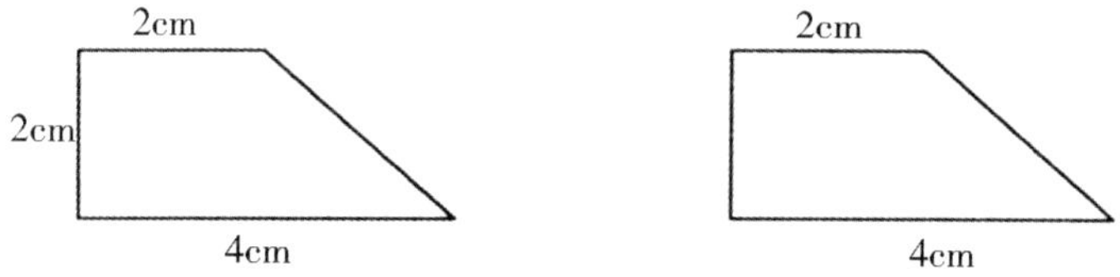

（2）

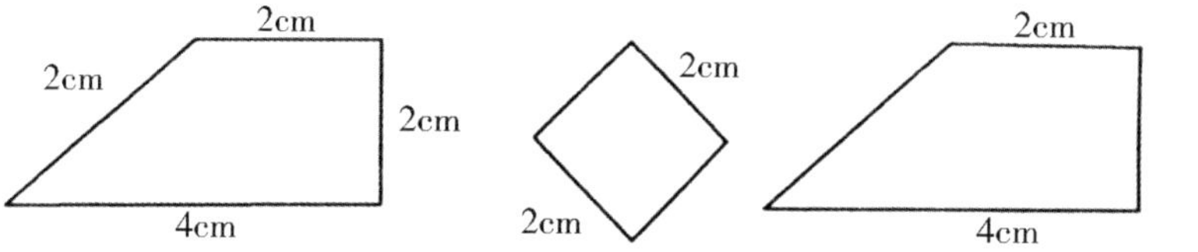

（3）

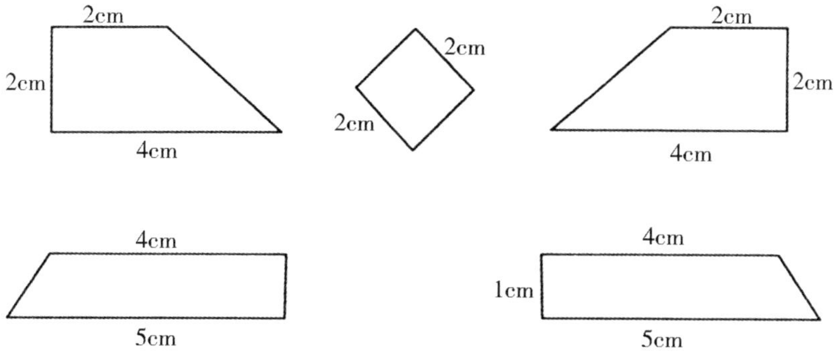

培养指数：★★★☆☆

剪纸盒

某公司运来了一批没有盖子的立方体纸盒，纸盒都是由四个侧面和一个地面组成的，而且是同样大小。由于仓库的容量有限，这批空盒子很占地方，于是老板决定把它们沿着某几条棱剪开，展成可以平铺但仍连成一片的纸板，以节约堆放的空间。于是老板找来工人，让他们尽快完成这个工作。

没过多久，工人们就把工作完成了，可老板发现他们剪成的纸板堆放在一起很不整齐，仔细一看原来纸板展开的式样彼此不同……

请问你知道纸盒能剪成多少个不同的样式吗？

培养指数：★★★★☆

替代图

看下面的示例图，不用 B 就可以把这个正方形组合起来。还有一种情况，用 B 而不用另一个也能组合成示例图的样子，请问是哪一个呢？

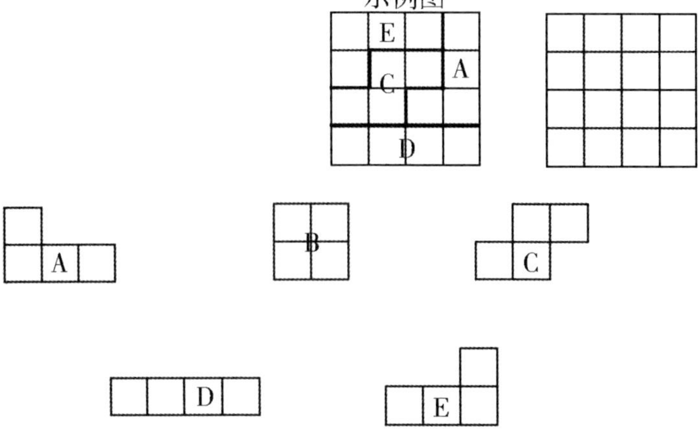

培养指数：★★★☆☆

分割铜钱

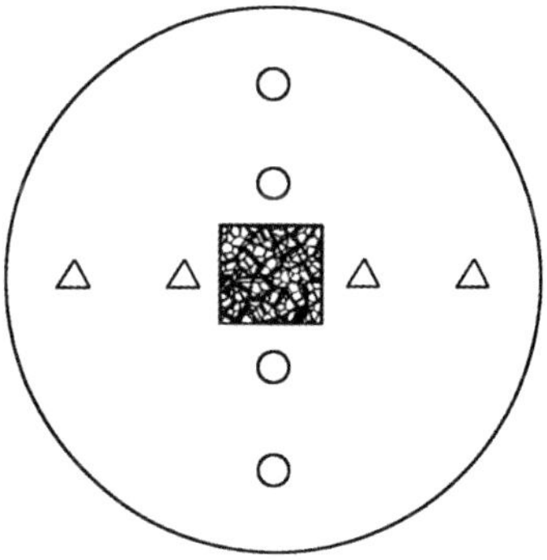

如右图所示，一枚铜钱上有一些对称的符号。现在需要将铜钱切割成大小、形状相同的四部分，且每部分都恰好带有一个“○”和一个“△”。

请问：怎样切割才符合要求呢？

培养指数：★★☆☆☆

莫里三角形

如图所示，分别在三条边上把三角形三等分。注意，这些直线中有三个交点构成一等边三角形。是不是任何三角形这样三等分后都会构成这样一个等边三角形？

培养指数：★★★☆☆

开环接金链

3个环相连着的金链共有四组，要设法将它们连成一条金链圈，至少要打开几个环呢？

培养指数：★★☆☆☆

老鼠偷点心

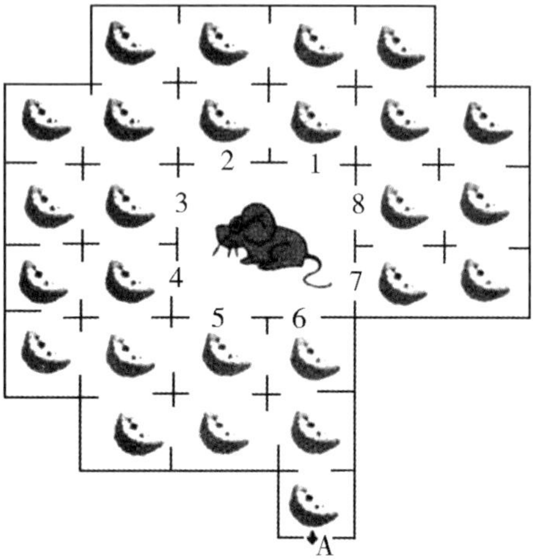

如图所示，每间房子里都有一块甜饼。老鼠想一次吃完所有的点心后，从A门出来。请问老鼠从1～8中的哪扇门进去，才不走重复路线？(每间房只允许进出各一次，并且不许从同一扇门进出）帮老鼠想一想该怎么走？

培养指数：★★☆☆☆

保持面积成比例

取出20根火柴棍摆成两个长方形，一个用6根火柴棍，另一个用14根火柴棍，如下图。

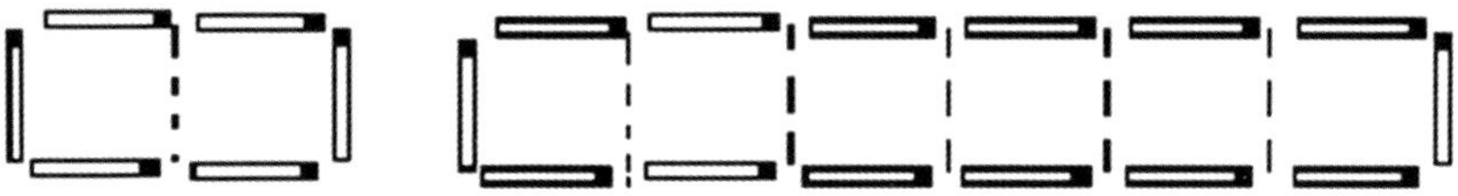

图左面的长方形，用虚线分成两个正方形，右面用虚线分成六个正方形。可以看出后者的面积比前者大2倍。

现在请你把这20根火柴棍分成7和13两组，然后摆成面积保持3∶1的其他图形。

培养指数：★★★☆☆

消失的正方形

美国一位魔术师发现一个非常奇怪的现象：一个正方形被分割成几小块后，当重新组合成一个同样大小的正方形时，中间却出现一个洞。

他把一张方格纸贴在纸板上，按图 1 画出正方形，接着沿图标的直线切成 5 种形状。当他按照图 2 的排法将此 5 小块拼成正方形时，中间果真出现一个洞。

图 1 的正方形是由 49 个小正方形组成，图 2 的正方形却只有 48 个。究竟出了什么问题？消失的小正方形到底在哪儿呢？

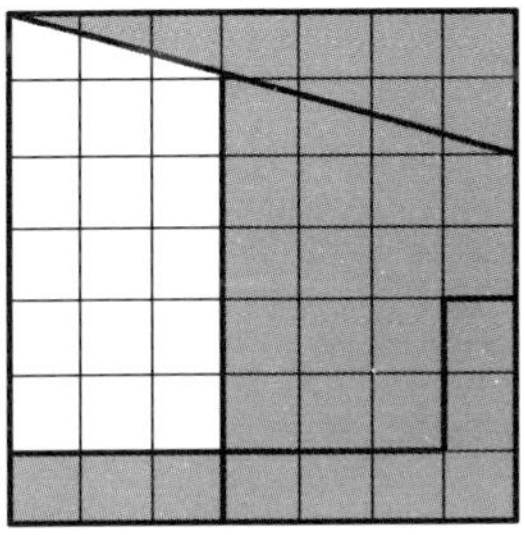

图1

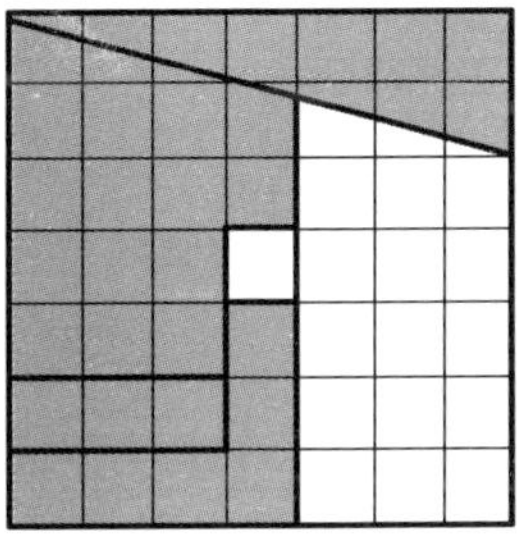

图2

培养指数：★★★☆☆

找规律，选图形

请按照图形的规律，从选项中选出正确的答案。

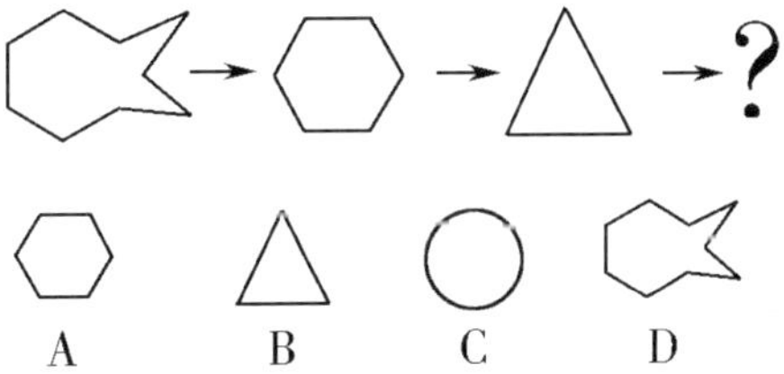

培养指数：★★☆☆☆

复杂的碑文符号

考古人员在希腊进行发掘工作时，使一批奇异的古代遗迹重见天日。他们发现很多纪念碑的碑文上反复出现下面这个由圆和三角形组成的符号。

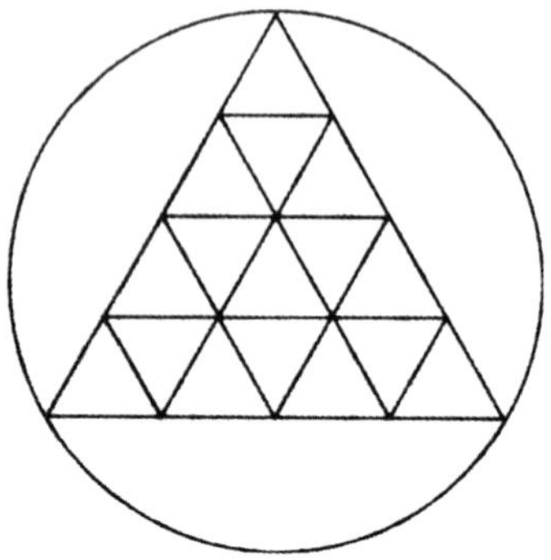

这个图可以一笔画出，线条都不重复地画过两次以上。不过，如果采取那种更为一般的，允许同一线条可以随意重复画过的画法，只是要求用尽可能少的转折一笔画出这个图形，它无疑会成为很好的一道趣味题。你知道怎么画吗？

培养指数：★★★☆☆

神奇的九点

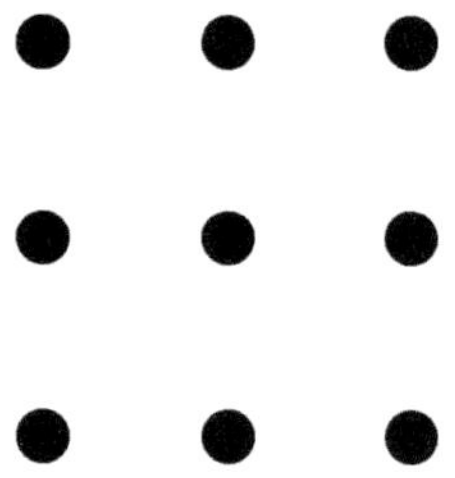

你能用 4 条线段连接这 9 个点而不让笔离开纸面吗？那么，只用 3 条线段也能解决这个问题吗？

培养指数：★★★☆☆

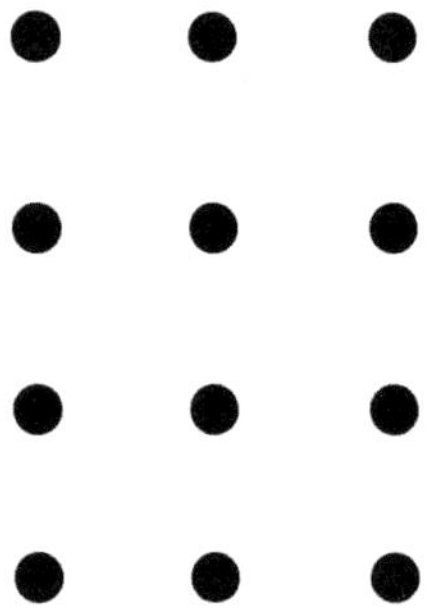

十二点问题

你能用一些线段连接这 12 个点而不让笔离开纸面吗？至少需要几条线段？

培养指数：★★★☆☆

巧折立方体

以下哪个立方体不能由本图折成？

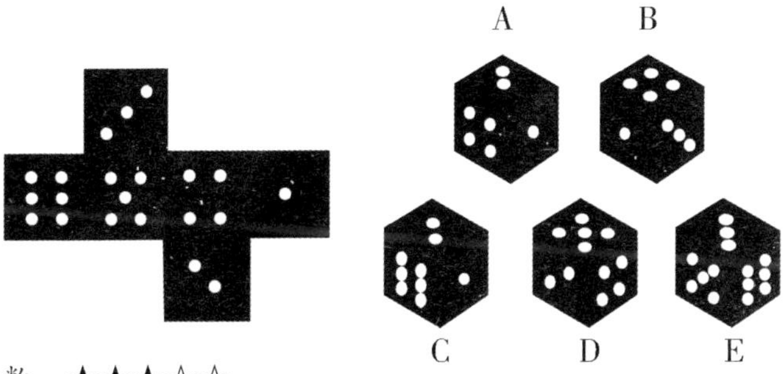

培养指数：★★★☆☆

天平上的图形

根据规律，找出可以使第 3 个天平保持平衡的图形。

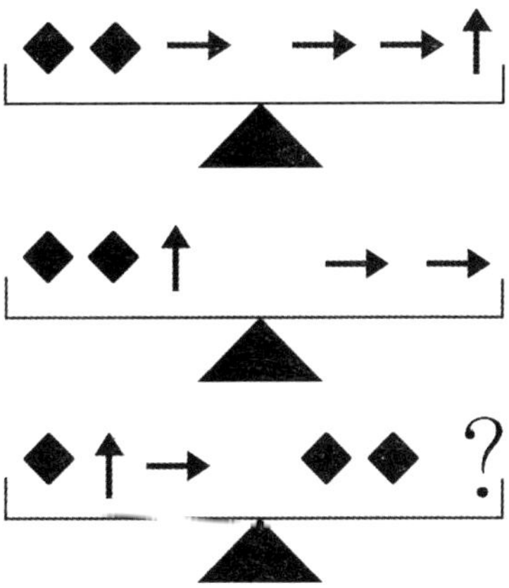

培养指数：★★★☆☆

答案及解析

奇妙幻方

怎样填出这个方阵呢？我国宋朝著名数学家杨辉，对此有四句话：“九子斜排，上下对易，左右相更，四维挺出。”这句话可以用下图表示：

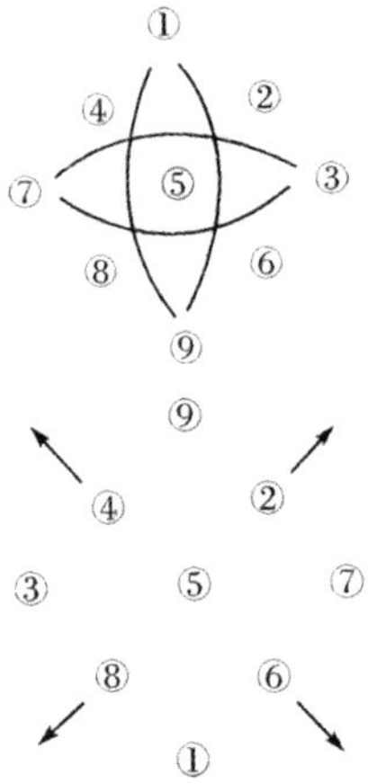

④	⑨	②
③	⑤	⑦
⑧	①	⑥

实际上，你只要这样想：1＋2＋3＋…＋9＝45；45÷3＝15。即每行、每列、每条对角线3个数的和一定是15。有1＋9＝10，2＋8＝10，3＋7＝10，4＋6＝10，还剩一个5。因此可以把5放在中间，然后逐次填出其他位置上的数就可以了。

答案看上图。

变三角形

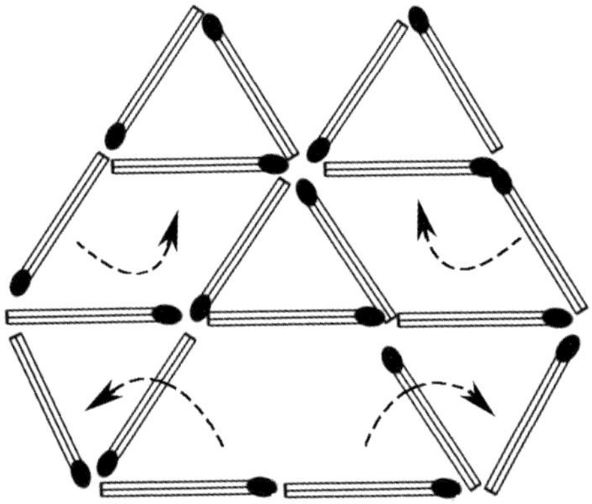

一个变三个

利用三根火柴棍将长方形分成四等分就可以做出三个正方形。

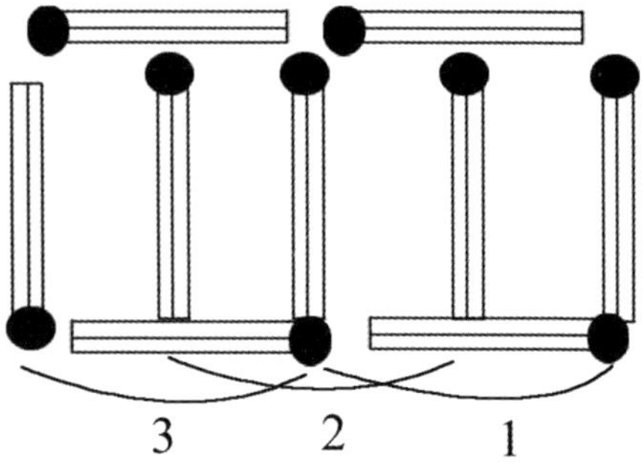

三个变一个

答案如图。

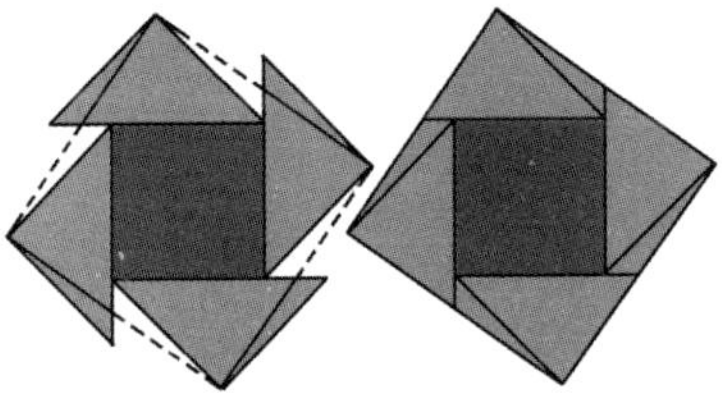

井变口

由简单的计算知道，16＝（4×2）×2，因而可用 16 根火柴棍排成两个边长为 2 的正方形。

原图“井”字的中间已经有一个边长为 2 的正方形，只需移动“井”字四角的 8 根火柴棍，使它们也组成一个边长为 2 的正方形。

但是题目要求只移动 6 根火柴棍，所以应该保留“井”字的一角不动，将其他三个角上的火柴棍移过来，得到图所示的答案。

组成矩形

沿着线进行切割。

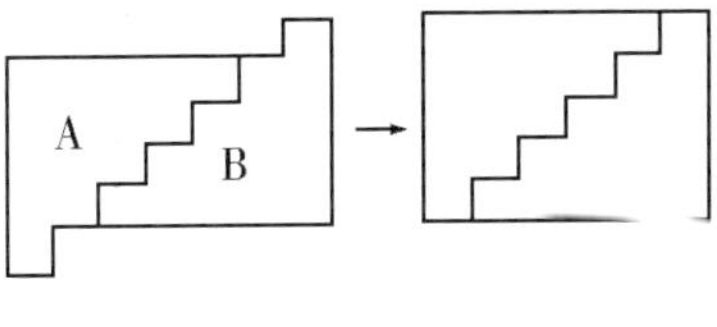

多变少

如图所示，只要将图转 90 度就可以很容易得出答案了。

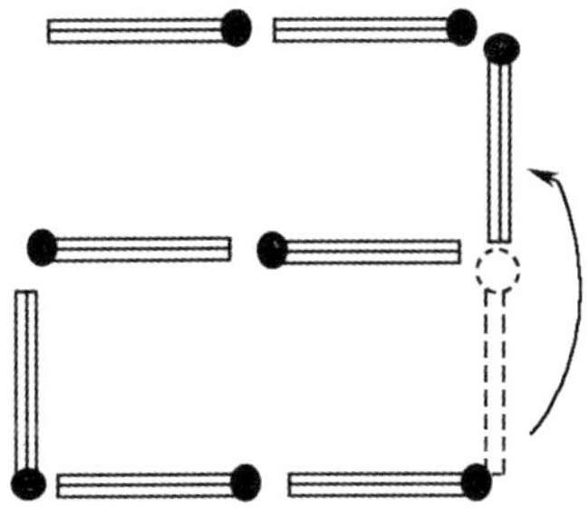

移动变形

（1）在大正方形内取出 12 根火柴棍，将它们摆成新的相同正方形，如图所示。

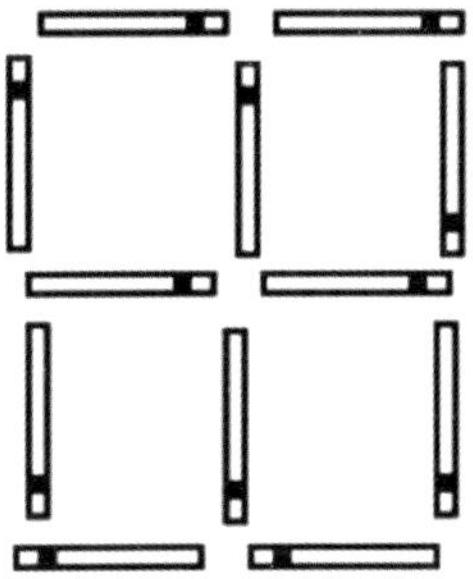

（2）见图所示。

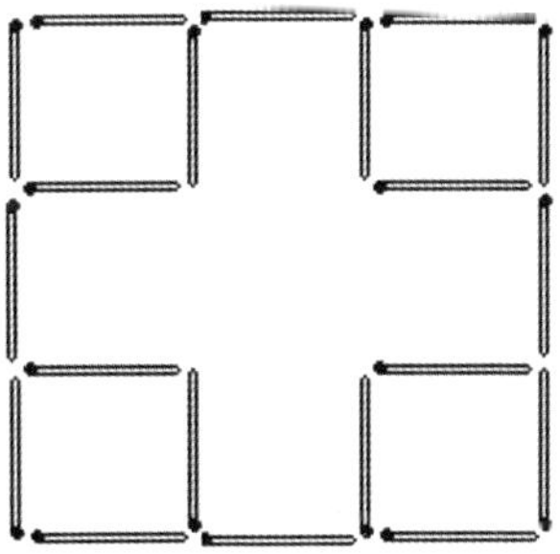

（3）见图中 a、b 和 c。去掉 4 根火柴棍如图 a；去掉 6 根火柴棍如图 b；去掉 8 根火柴棍如图 c。

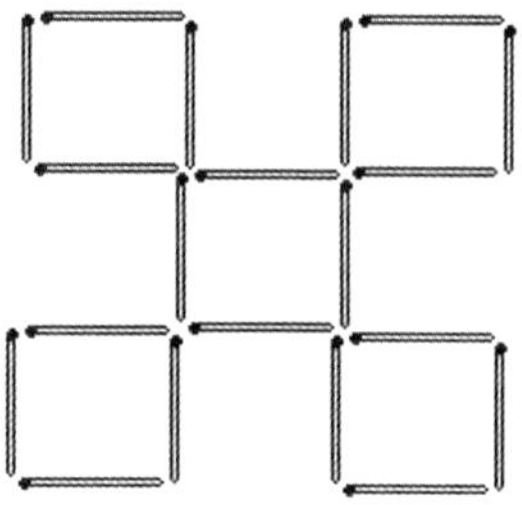

（a）

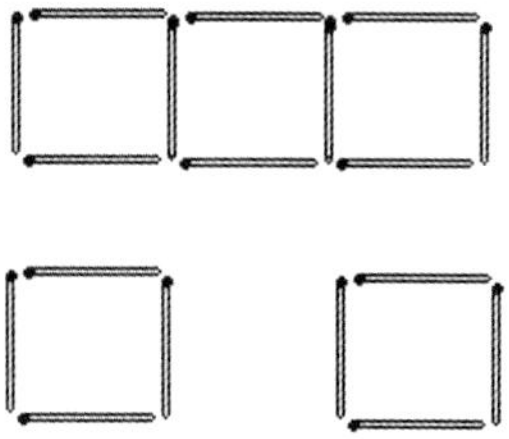

（b）

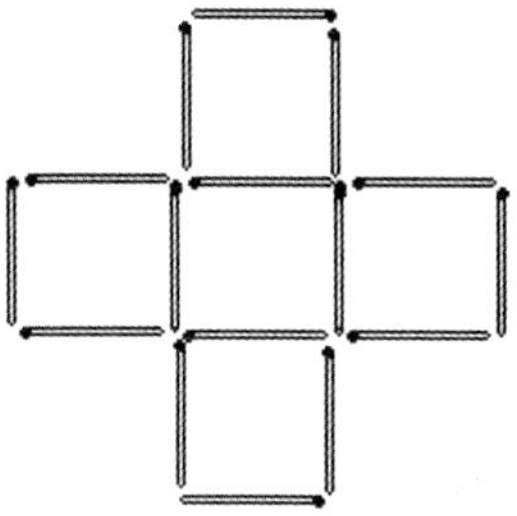

（c）

（4）见下图 a、b。

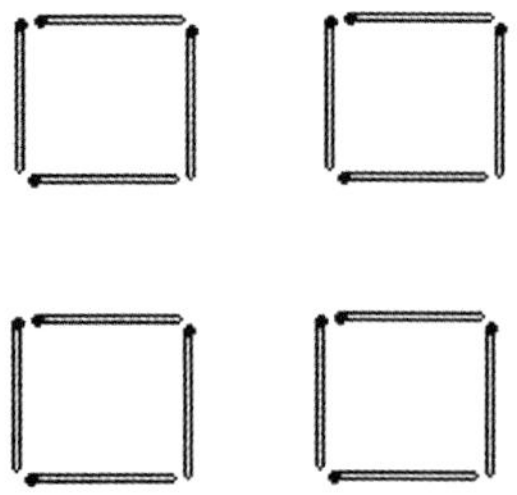

（a）

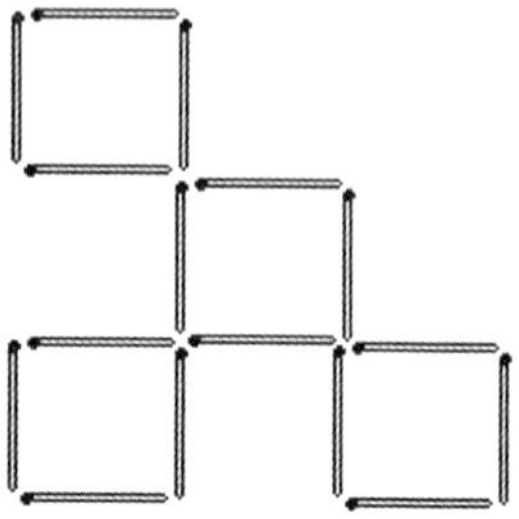

（b）

（5）见下图。

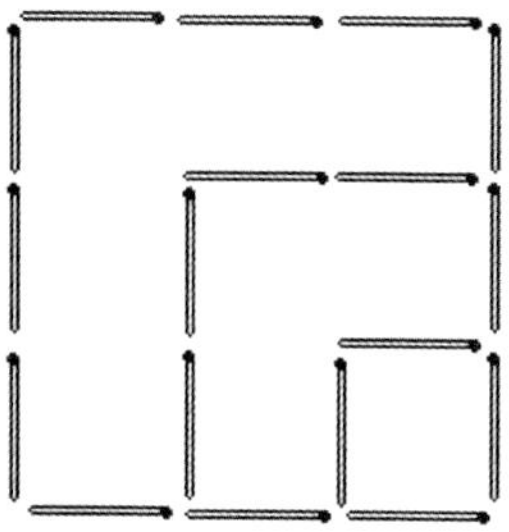

（6）见下图 a、b。

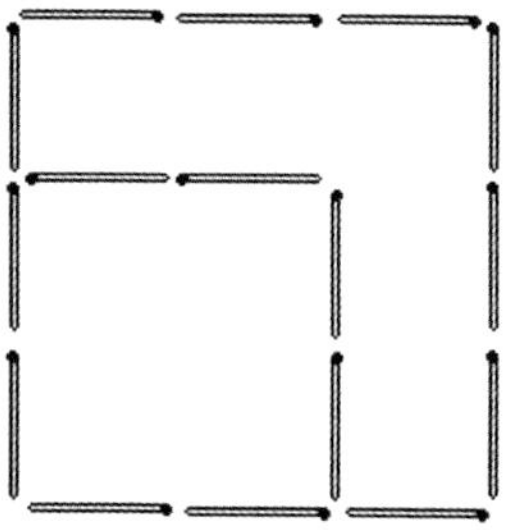

（a）

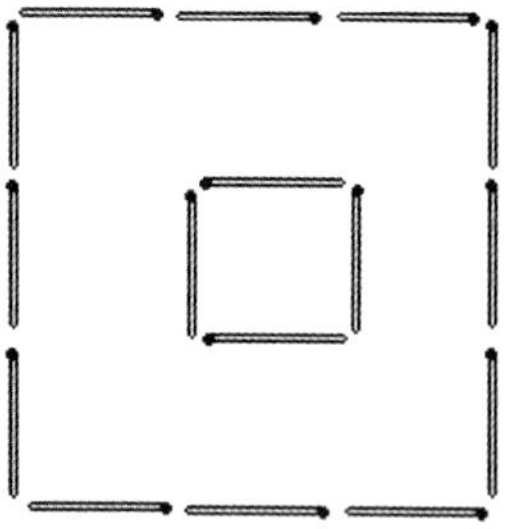

（b）

（7）见下图。

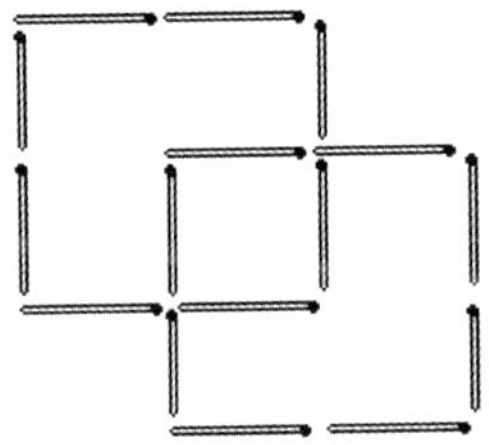

（8）见下图。

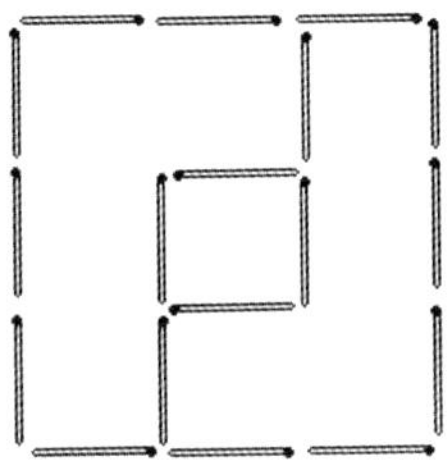

最大图形

如图所示：

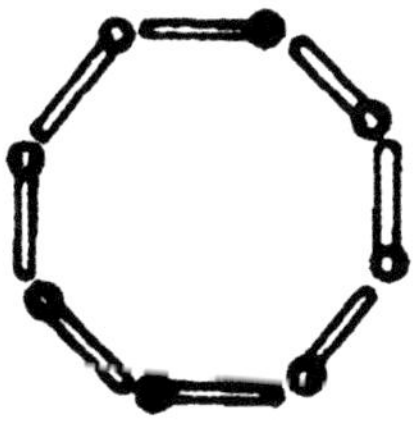

三分天下

如图所示。爱因斯坦把它分成了 3 个完全一样的“桥形”。

如图所示：

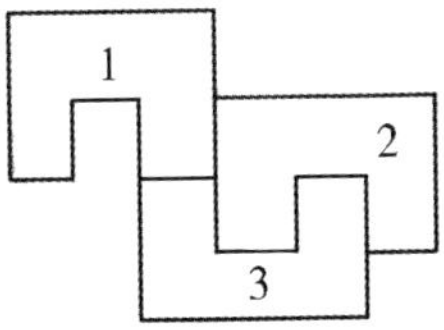

变幻的箭

见下图 a、b，a 为重摆 8 根火柴棍，b 为重摆 7 根火柴棍。

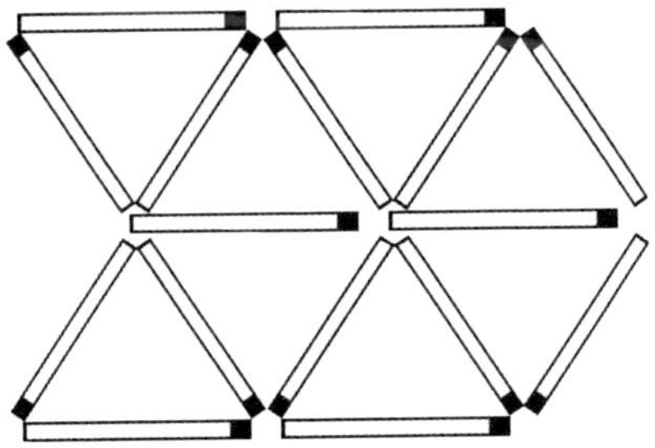

（a）

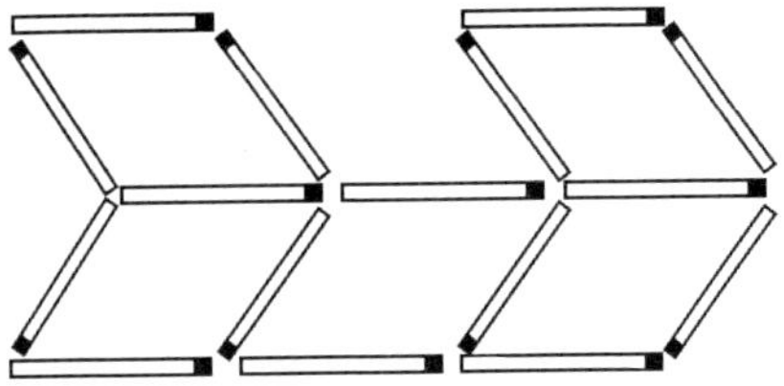

（b）

曲线连线

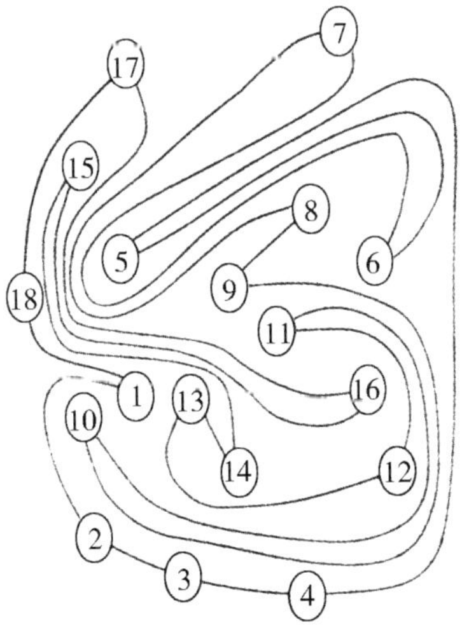

一笔成画

有些图形不论你从哪一点开始画，都能一笔画出，有的图形只有从某些一定的点开始画才能一笔画出，还有的则根本画不出。这有什么特征吗？

我们约定把有偶数条线进入的点叫作偶数点，把有奇数条线进入的点叫作奇数点。如果图形上没有奇数点，那么它就能一笔画成，而且随便你从什么地方开始画都能一笔画成。

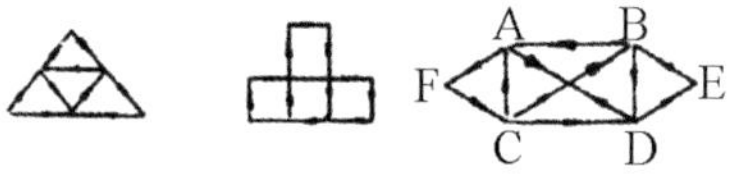

（1）　（2）　（3）

（4）　（5）　（6）

单笔画

不能一笔画成的是图（4）、图（6）、图（8）。告诉你一个小窍门，我们能一笔画成的图形，一定是那些没有交叉点或只有两个交叉点的图形，而汇集在这两个交叉点上的直线段或曲线段又必须是奇数的。用这个方法你就能判定哪些图形能一笔画成，而哪些图形不能一笔画成。

本题中能够一笔画成的图形可以按下面的方法来画。

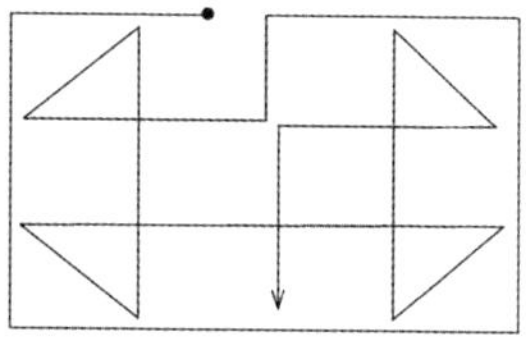

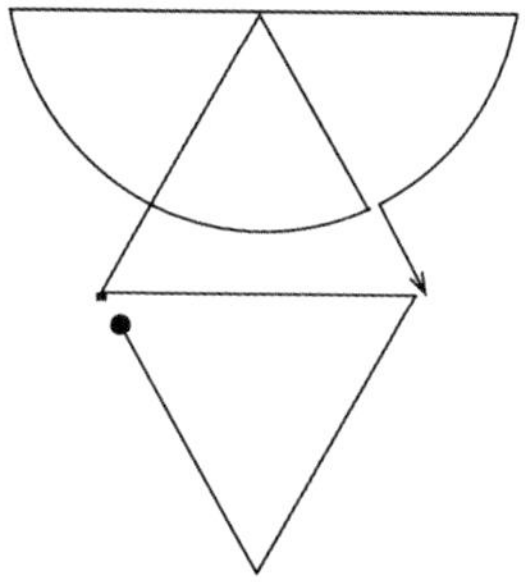

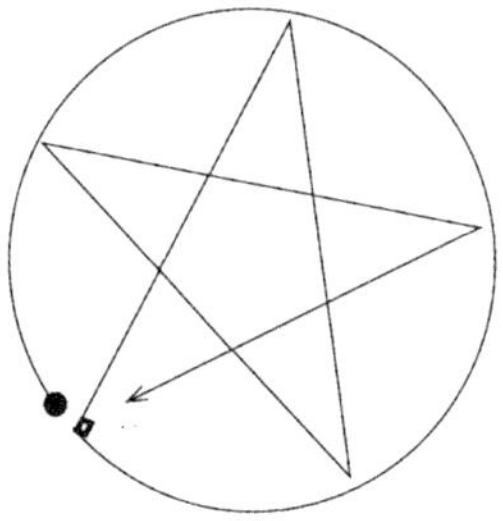

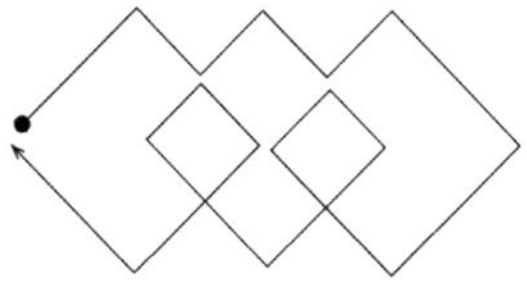

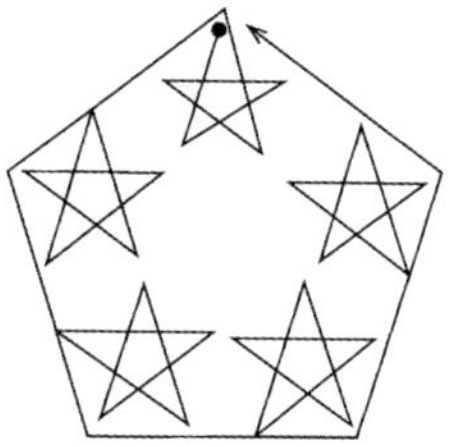

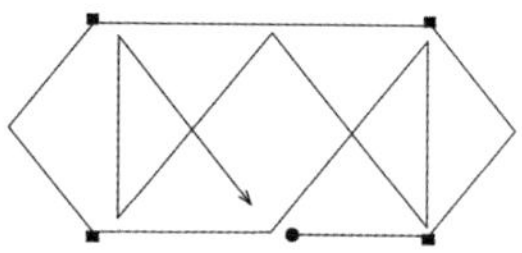

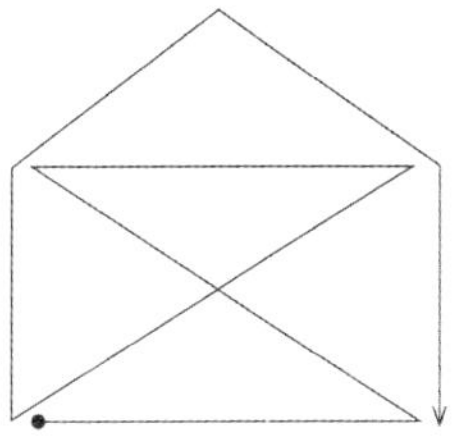

折纸虾

见下图 a、b。

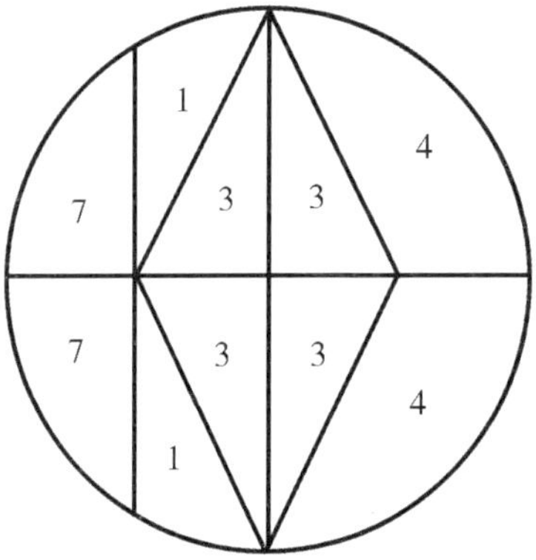

(a)

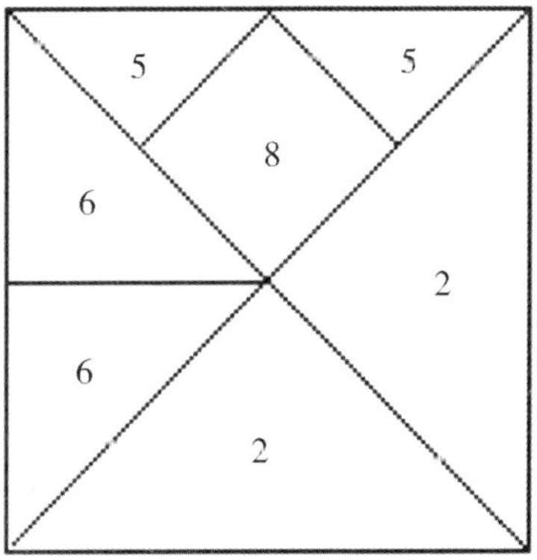

(b)

向左转

答案如图。

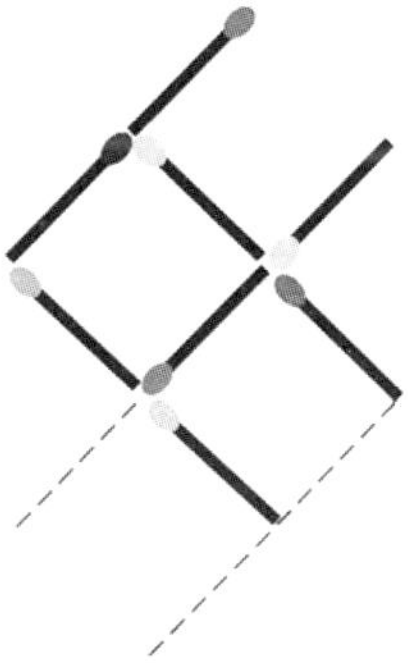

三人站岗

答案如图。

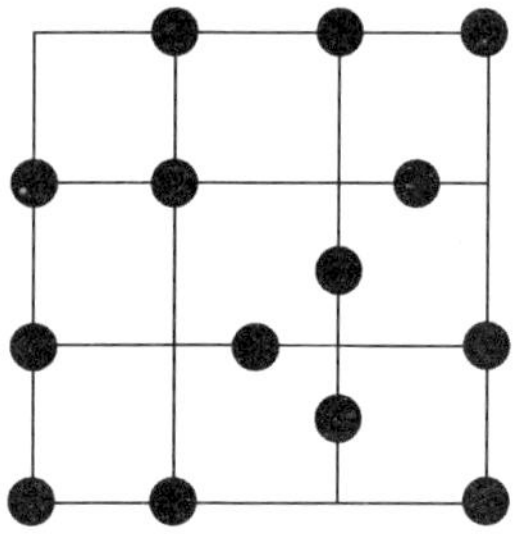

“十”字标记

答案如图。

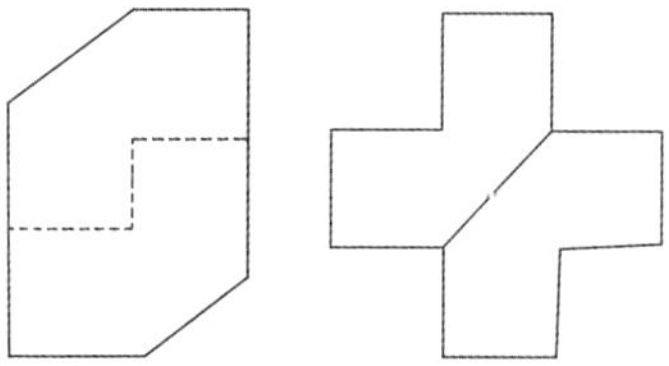

变形小船

答案如图。

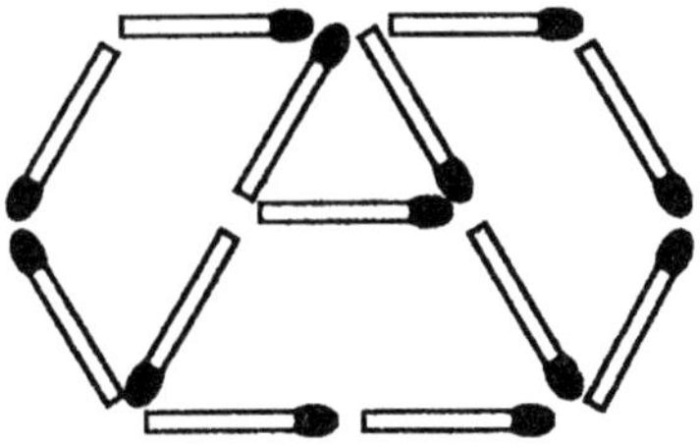

移动玻璃球

答案如图。

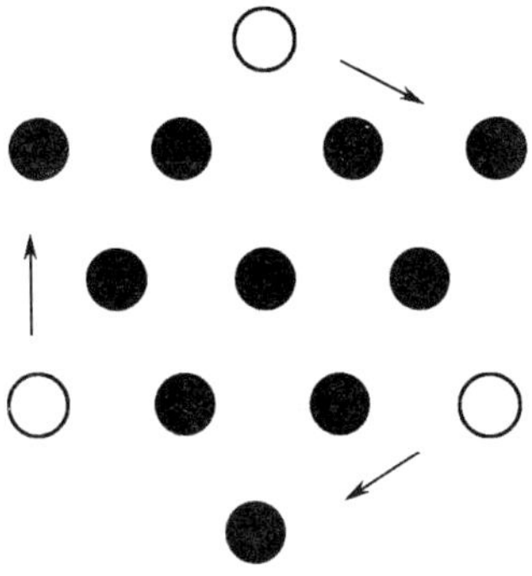

反向行走

移动小鱼需要动 3 根，移动小猪需要动 2 根。

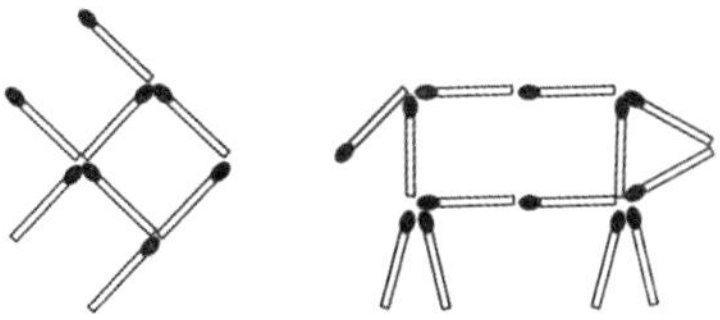

变二为四

答案如图。

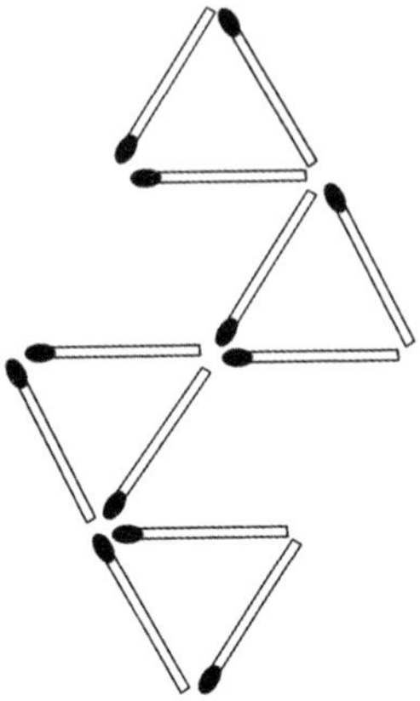

先拿哪一根

先拿头朝向硬币的右绕第五根火柴棍（头朝向硬币火柴棍不算）。

倒转酒杯

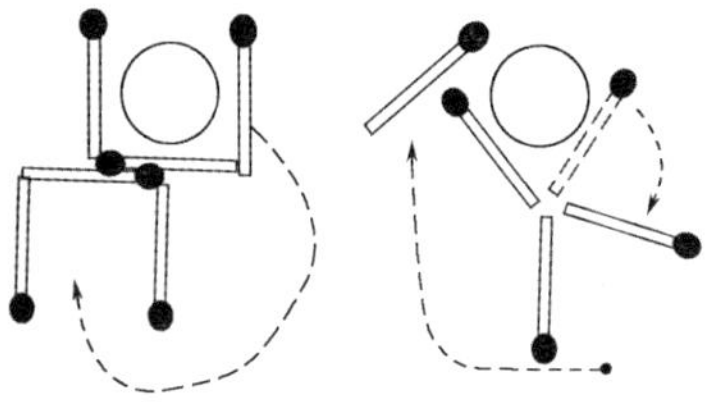

黑白棋子

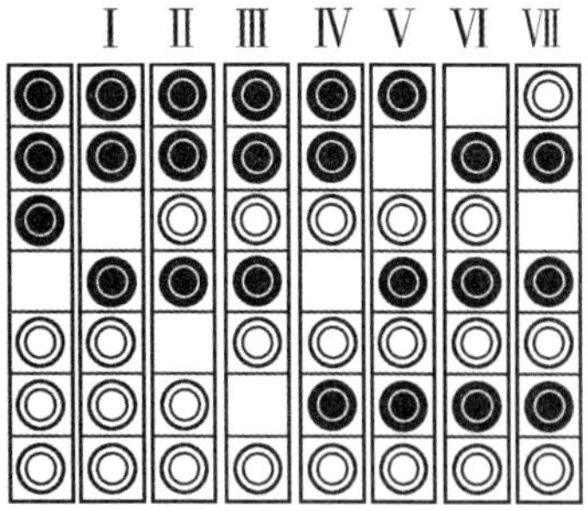

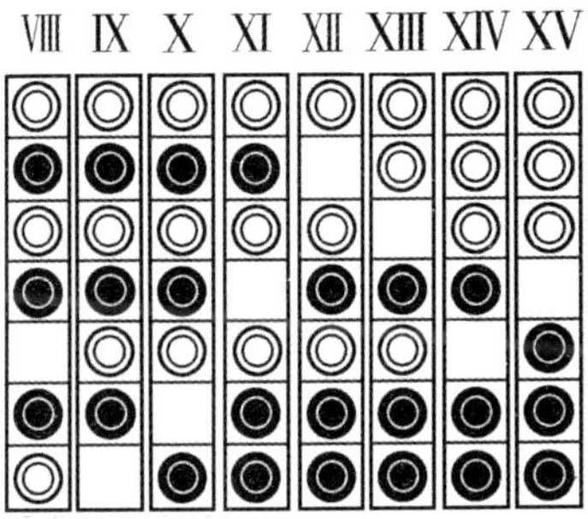

答案详见图。白棋子只能往上移动或向上跳，黑棋子只往下移动或往下跳。走的顺序是黑白白黑黑黑白白白黑黑黑白白黑，共 15 步。

每列三个

三个棋子一列的共有 8 列，详见下图 a；两个棋子一列的共有 12 列，详见下图 b；如果去掉三个棋子后，把剩下的六个棋子摆成三角形，详见下图 c，则每列有三个棋子。

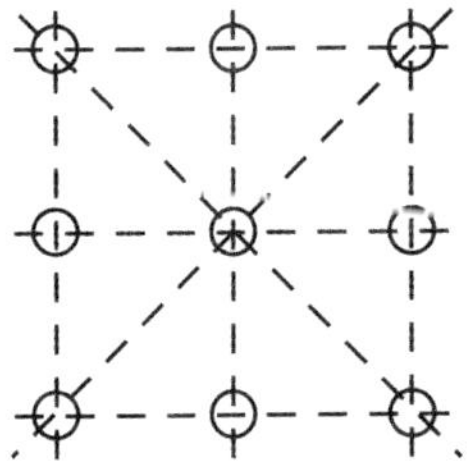

（a）

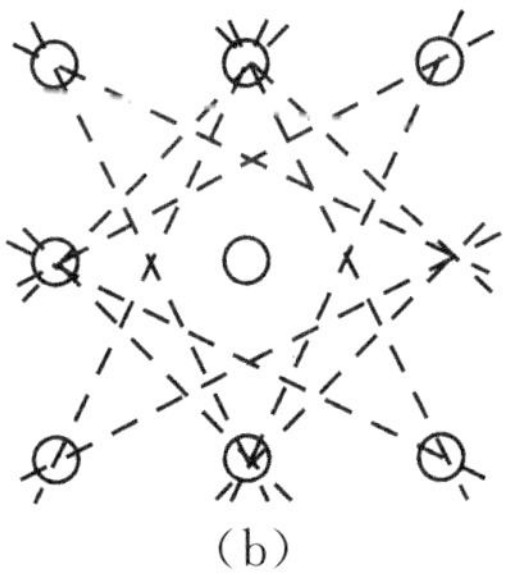

（b）

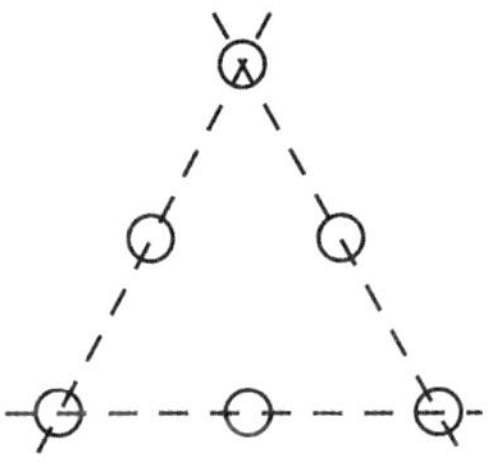

（c）

搭桥进堡

答案如图。

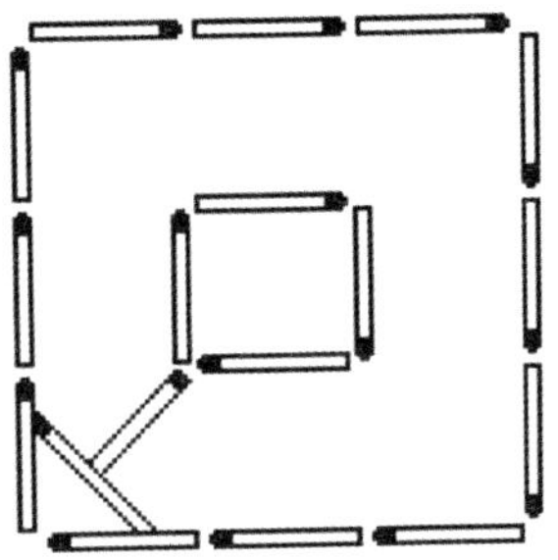

家具移位

至少要搬动 17 次，顺序是：

钢琴——书柜——酒柜——钢琴——办公桌——床——钢琴——酒柜——书柜——办公桌——酒柜——钢琴——床——酒柜——办公桌——书柜——钢琴。

等式平衡

$4-x=x-2$

$6=2x$

$3=x$

距离的组合

一共有 8 个两种不同距离的组合，都在这里给出了。在每个图形中，红线表示该长度的线只有一条，而蓝线表示该长度的线不止一条。

螺旋变三角形

答案如图。

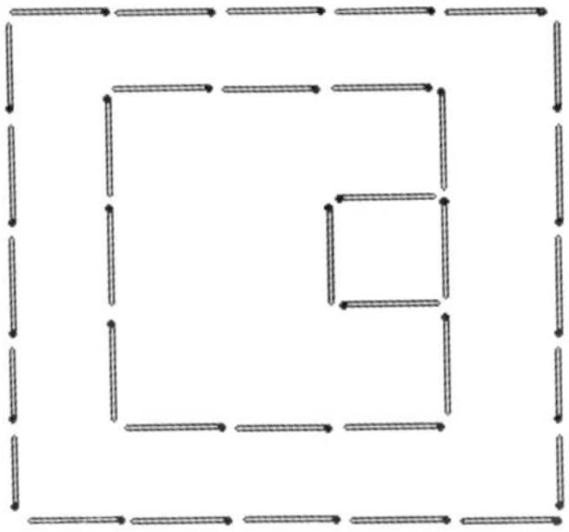

房子变正方形

见下图。重摆两根如图 a，重摆 4 根如图 b。

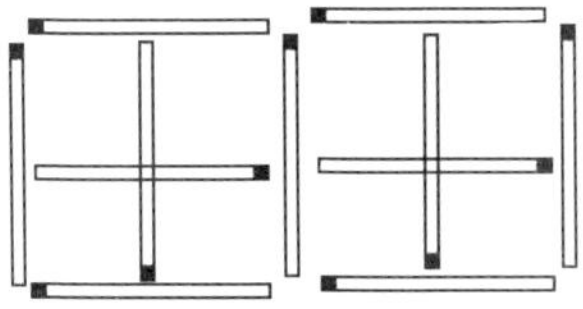

(a)

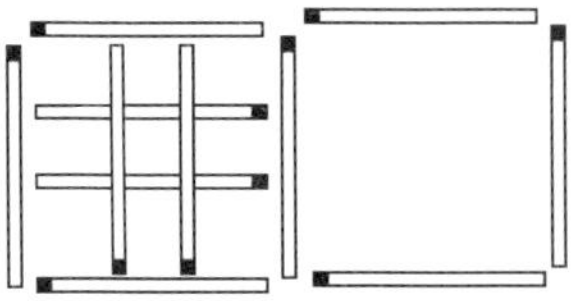

(b)

不可能搭成的桥

关键在于一开始多放两块作桥墩，如下图所示。当搭了足够多以后，桥的构架也就完全稳定了，这时可以把多余的桥墩取走。

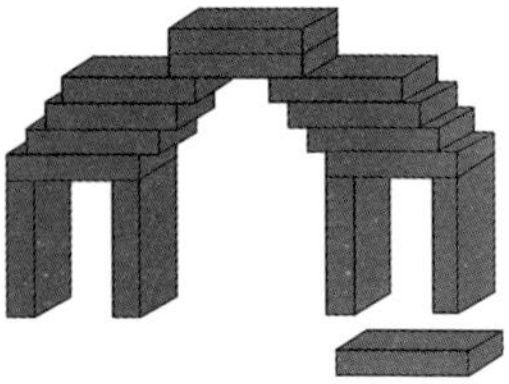

十六枚相接触的硬币

答案如图。

一朵八瓣花

答案如图。

一笔连 9 点

这题的答案并不唯一，下面只是其中的一种答案。见图。

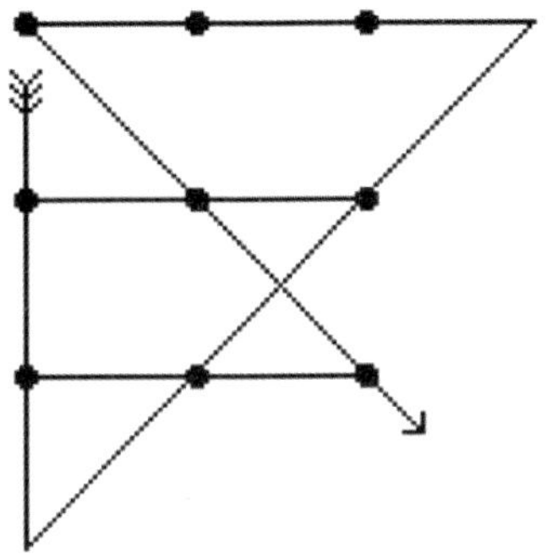

四巧板

四巧板难以拼成“T”字形的原因是心理上的错觉造成的。

一般人看东西，心理上都有一种先入为主的错觉。就是说，人们第一眼看到的东西，往往根深蒂固，印象特别深，有时达到难以改变的地步。

这四块板中，我们往往首先注意到的总是那块最大的五边形，而且往往认定这块板在拼图时，不是平放就是直放，绝不会想到斜放，但情况恰恰相反，不斜放就拼不出T字来，所以这个游戏对克服错觉、发展思维能力有一定的帮助。

四阶幻方图

据说，四阶幻方的填法共有 880 种之多，这里给出的是其中两个答案。

16	3	2	13
5	10	11	8
9	6	7	12
4	15	14	1

(1)

16	5	2	11
3	10	13	8
9	4	7	14
6	15	12	1

(2)

等分方孔图

有两种方法，如图：

(1)

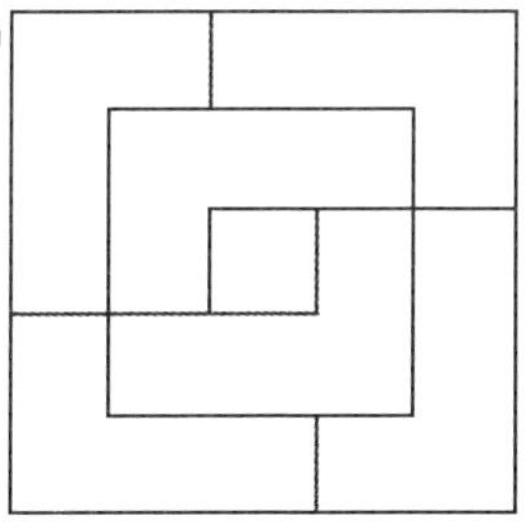

（2）

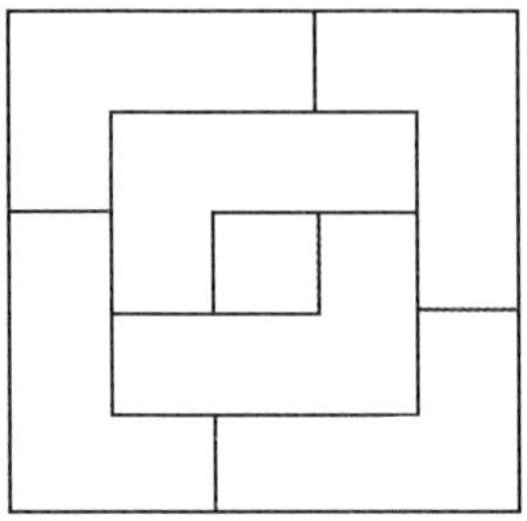

高邦三角形（一）

这里给出了 7 个三角形的解法。

由 n 条线段围成的无覆盖三角形的最大数目通常是多少呢？通过反复试验，你很快会发现，对于 $n=3$、4、5 和 6，围成的三角形最大数目分别是 1、2、5 和 7。当 $n=7$ 时，反复试验就不再给出简单的答案了。对任意数字 n 的一般通式至今仍未解决。

高邦三角形（二）

这里给出了 11 个三角形的解法。

七巧板的难题（一）

答案如图所示：

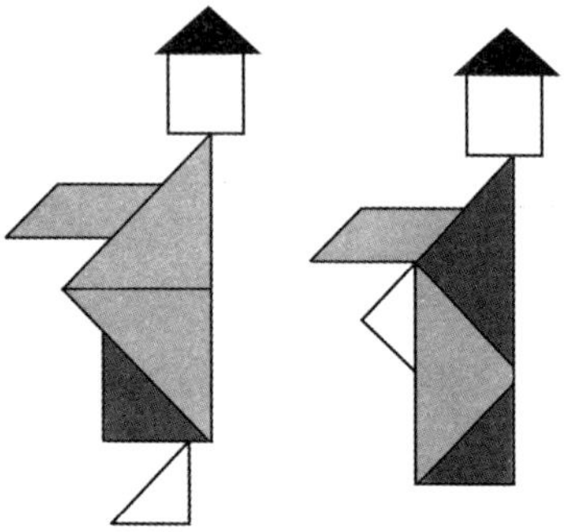

七巧板的难题（二）

答案如图所示。

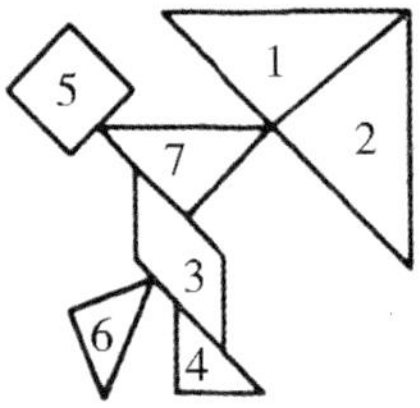

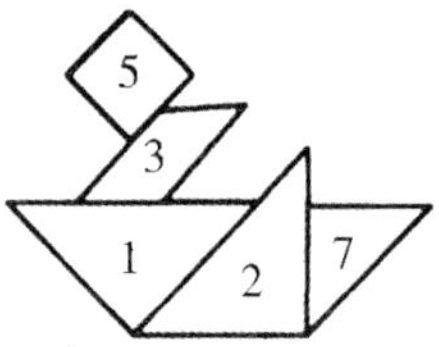

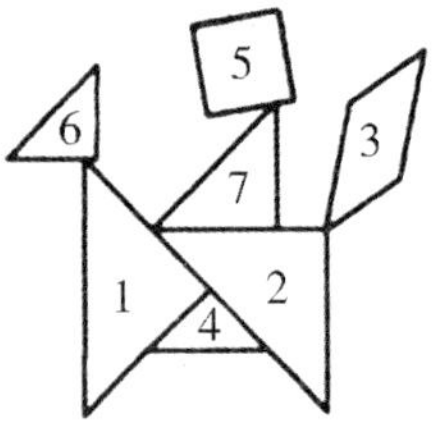

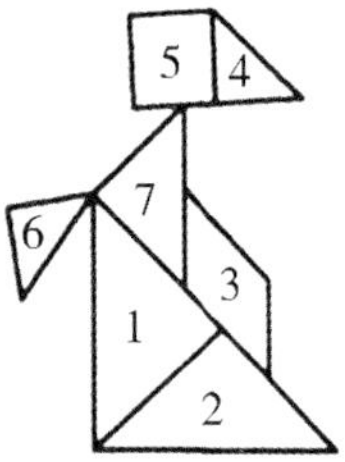

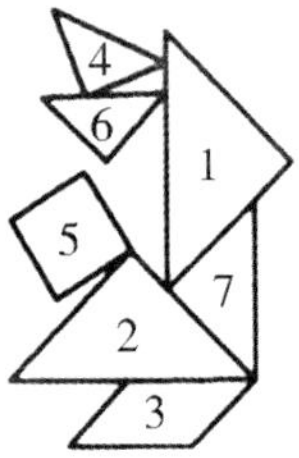

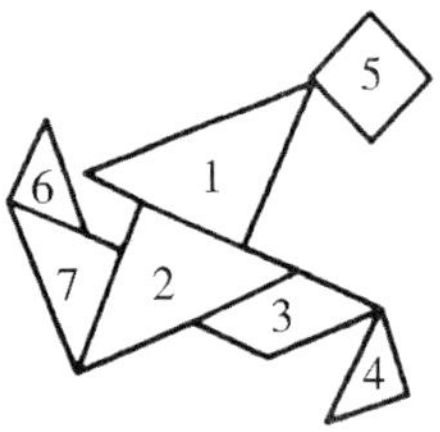

无穷无尽的圆

你可能认为最终圆面积将趋向0。然而，令人惊讶的是结果并非如此。精确的计算要用高等数学，最终结果圆的半径大约是第一个圆的1/8.7左右，或者说，约0.115单位。

诸葛亮摆棋

走五星棋有个秘诀，这个秘诀叫尾追法，就是把头一次作为起点的交点，当作下一次的终点。以此类推，就可以成功。下面的图是每一步的走法。图中的空心圆圈代表起点，实心点代表终点。

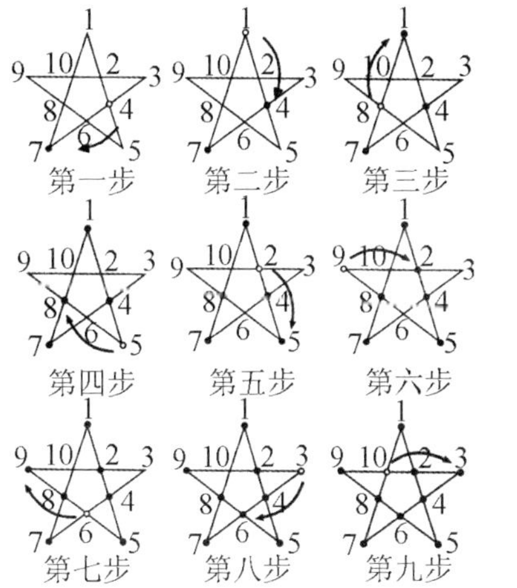

第一步，以4为起点，下第1颗棋子到7；

第二步，以1为起点，下第2颗棋子到4；

按照这种方法走，到第九步就以10为起点在3上下完最后1颗棋子。最后第10号交点空着，棋就下成了。如果不按这个规律，恐怕难以成功。

高斯拼图

如图所示，共有3种拼法，其中A、B、D、F四块要翻过来用。

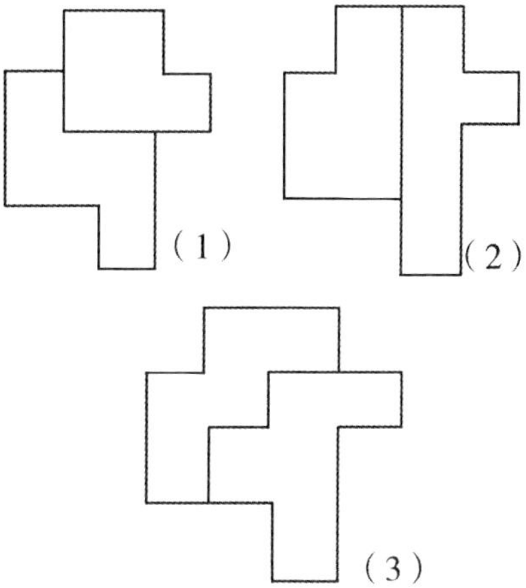

拼图游戏

F。

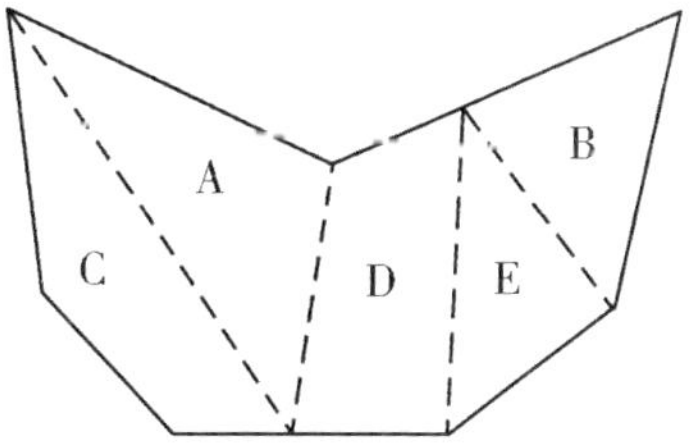

火柴棍游戏

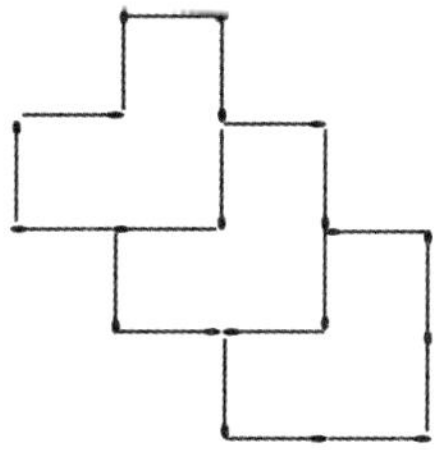

填色游戏

答案如图所示：

跳棋玩法

他最少要移动 4 颗。

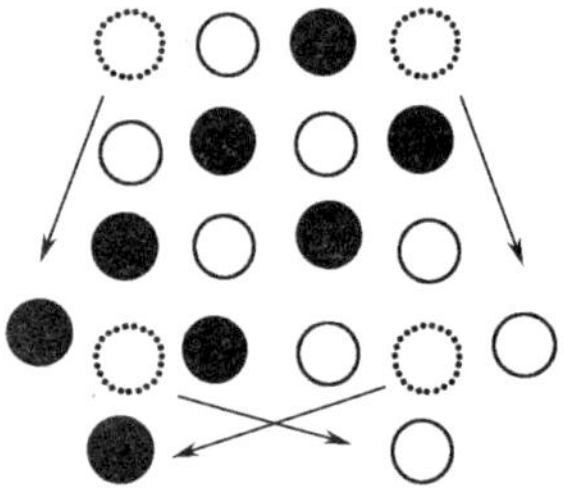

蜂巢迷宫

答案如图。

纸环想象

剪开后是一个正方框，形状如图所示。

碎木成形

答案如图所示：

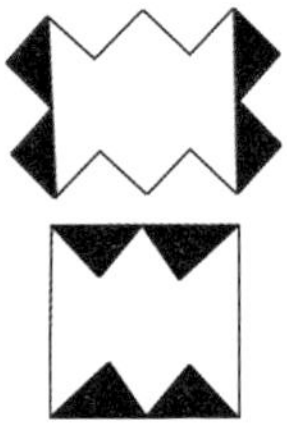

巧拼桌子

第一组图形的拼装比较容易，凭借第一感觉就能做到。只要将其中的一块木板翻转就可以了。

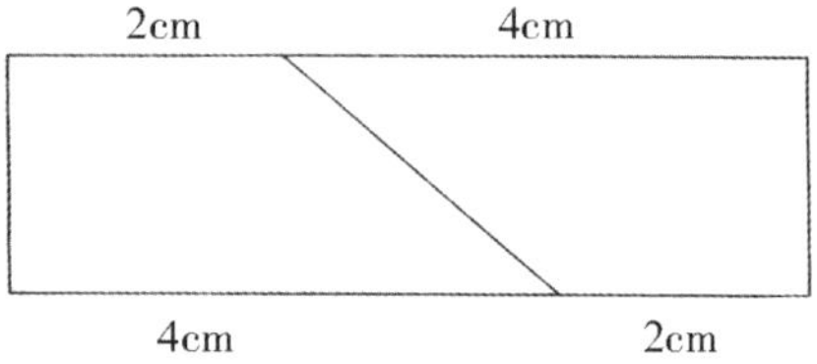

问题是在第一组图形拼装好以后，思维很容易在第一组图形的拼装顺序基础上继续向前滑行。将第二组图形拼装成如下形状：

这种形状虽然也可以称得上是“简单”，但还不应算作是“最简单形状”。

如果思维满足于第二种拼装，无形中会加剧思维单一的惯性。从而不再改变对事物结构的认识，让思维继续向前滑行，用既定的思路认识第三组图形，从而更加剧了原有思维的框架，将第三组图形拼装成如下形状：

如果说第二组图形还能够称作简单图形，可以当桌子用，那么，第三组图形就不能称其为“桌子”了。

正确答案应按以下方法拼装

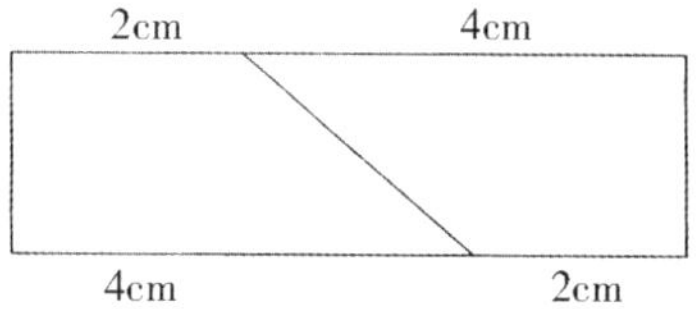

（1）

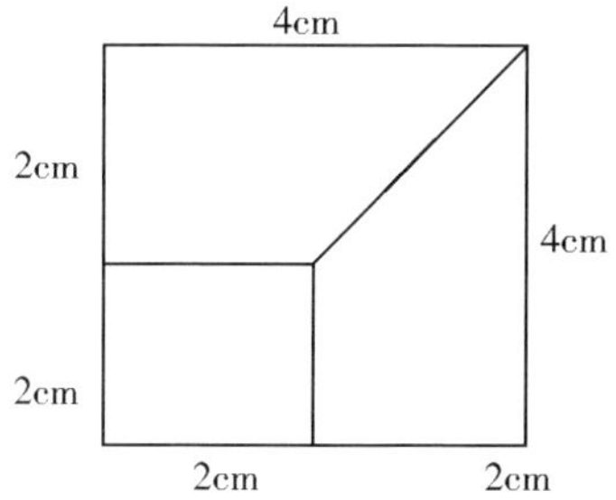

（2）

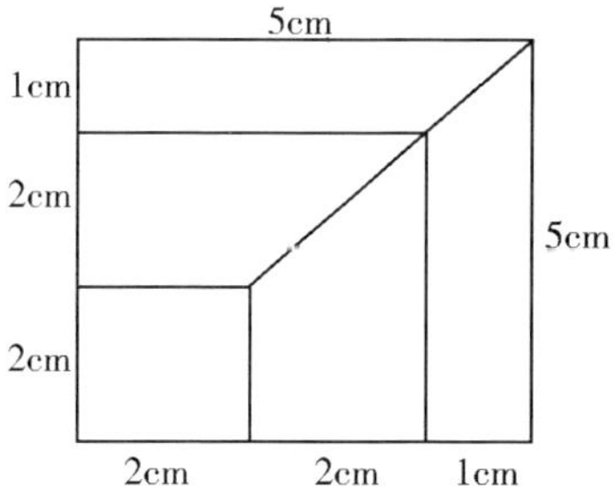

（3）

剪纸盒

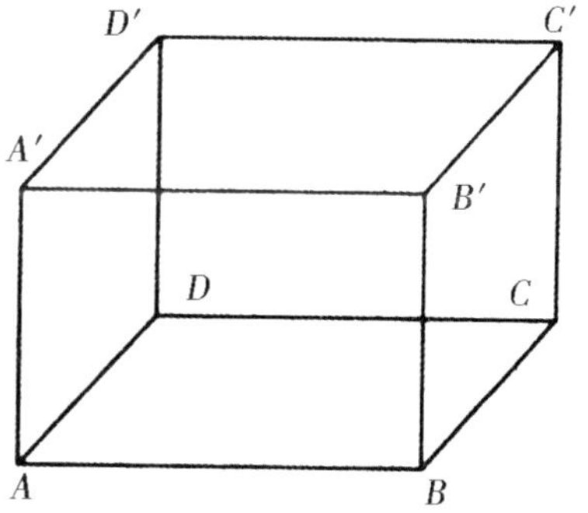

如图，设这个没有盖子的立方体纸盒为 ABCD－A′B′C′D′，其中各侧面 ABB′A′、BCC′B′、CDD′C′、DAA′D′分别简记为Ⅰ、Ⅱ、Ⅲ、Ⅳ，底面 ABCD 则简记为底。现在要把它展平，于是总要剪开几条棱。我们把着眼点放在底面 ABCD 周围的四条棱 AB、BC、CD、DA 上。

首先，如果这四条棱一条也不被剪开，那么只有把四条侧棱 AA′、BB′、CC′、DD′都剪开才能把这个纸盒子展平。展成图形如下。

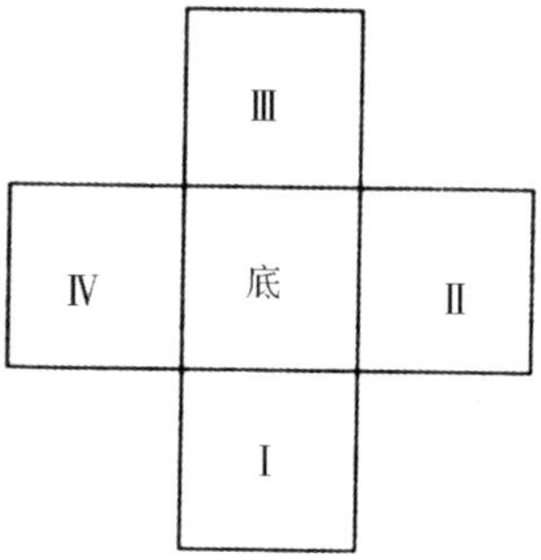

如果四条棱中仅一条被剪开，不妨设 AB 被剪开，则须在 AA′、BB′中选一条剪开。但这样只是把侧面 ABB′A′像门一样的打开了。要把这个纸盒展平，还必须剪开 CC′和 DD′这两条侧棱。展开的样式如下图。其中左边是剪开 AA′的样式，右边是剪开 BB′的样式。但因为这两种样式呈镜像对称，所以应算作同一种。

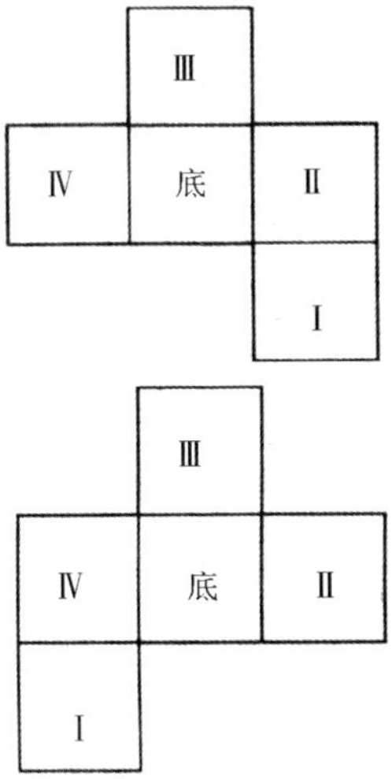

如果四条棱有两条被剪开，那么就会有以下两种情况：

第一种是剪开的两条棱是相邻的。设这两条棱为 AB 和 BC，那么可剪开 BB′和 DD′，展成如下图左边的样式；也可以剪开 CC′和 DD′，展成的如下边中间的样式，也可以剪开 AA′和 DD′展开图形为下边右边的样式。但因为后两种样式呈镜像对称，所以应算作同一种。

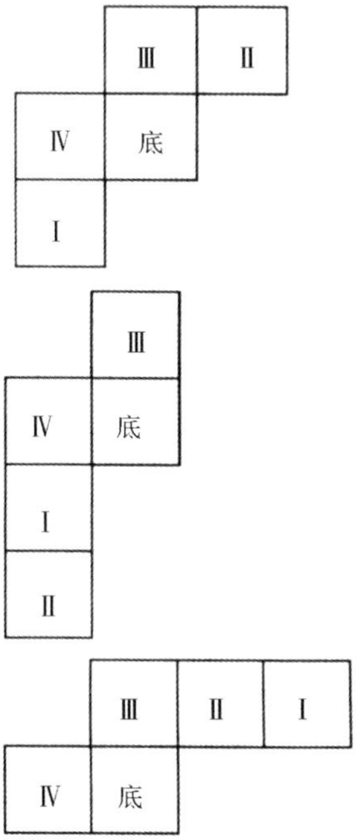

第二种是剪开的两条棱是不相邻的。设这两条棱为 AB 和 CD，那么可剪开 BB′和 CC′，可剪开 AA′和 DD′，可剪开 AA′和 CC′，也可剪开 BB′和 DD′。前两种剪法展成的样式可在平面内通过 180°旋转相互变换；后两种剪法展成的样式则呈镜像对称。因此只能算两种样式，如下图。

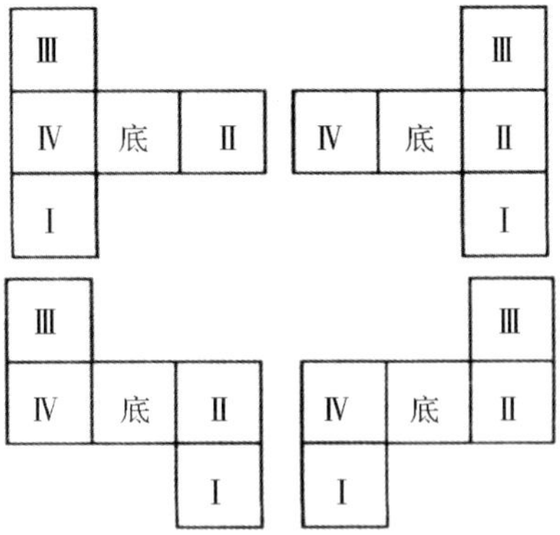

如果四条棱中有三条被剪开，

那么必须在四条棱中剪开一条而且仅剪开一条，才能把这纸盒展开。这样就有四种剪法，导致四种样式，但其中两两成对，互相为镜像对称，因此只能算作两种。如图。

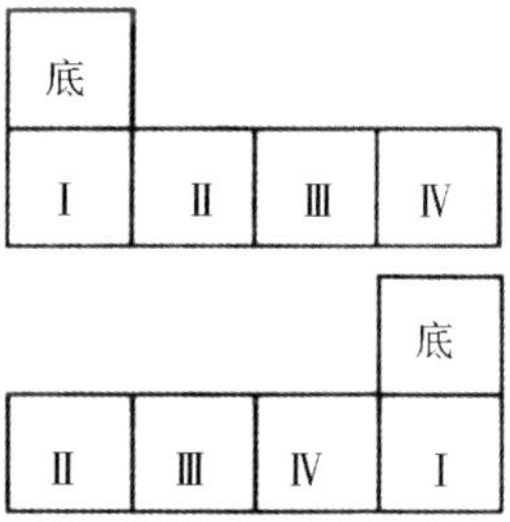

所以，最后结果是可以展成 8 种不同的样式。

替代图

答案是 C。

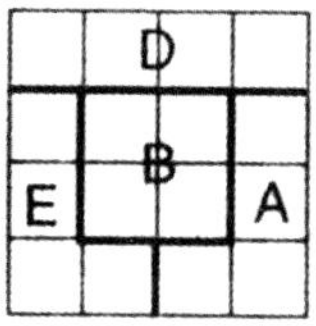

分割铜钱

铜钱上的孔为正方形，将铜钱切割成四块，每块应占有该正方形的一个边。围绕这个中心思考，才能找到解决问题的途径。可按下图中虚线所示进行切割。

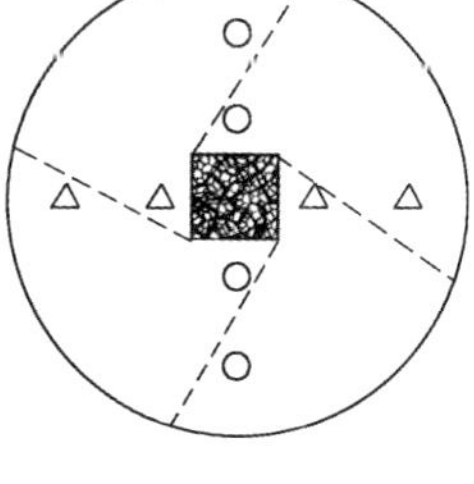

莫里三角形

是。这个完全意想不到的事实是由英国数学家弗兰克·莫里在 1899 年发现的。这也是这个三角形被称为“莫里三角形”的原因。

开环接金链

只要打开 3 个环。

随意打开其中一个环，只需要将 3 个环和其他的金链首尾相接就能相连成一个金链圈。

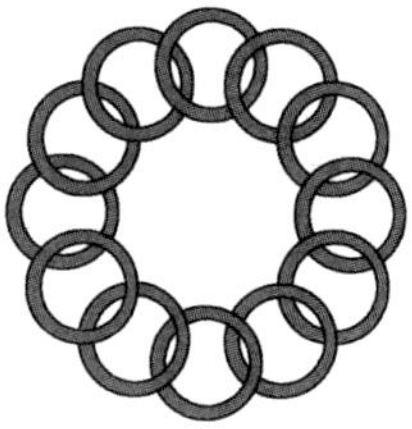

老鼠偷点心

老鼠从第 8 扇门进去，这样能一次吃完所有点心且路线不重复。其路线如图。

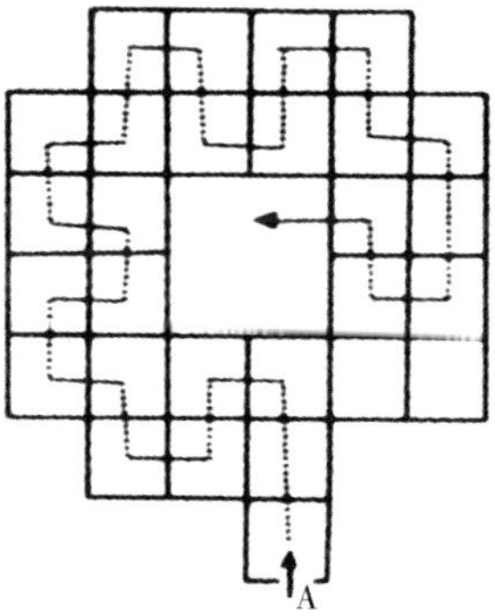

保持面积成比例

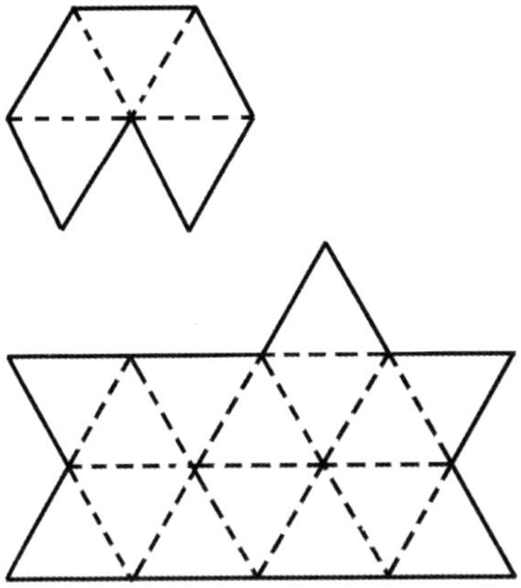

消失的正方形

图1切割的5块图形中最大两块对换位置后，被那条对角线切开的每个小正方形都变得高比宽大了一点。这意味着此块大正方形不再是正统的正方形。它的高增加，使得面积也随之变大，而所增加的面积恰好等于空白方洞的面积。

找规律，选图形

C。由左向右每变化一个图形，顶点就少三个。

复杂的碑文符号

这个图可以经过13个转折一笔画成：

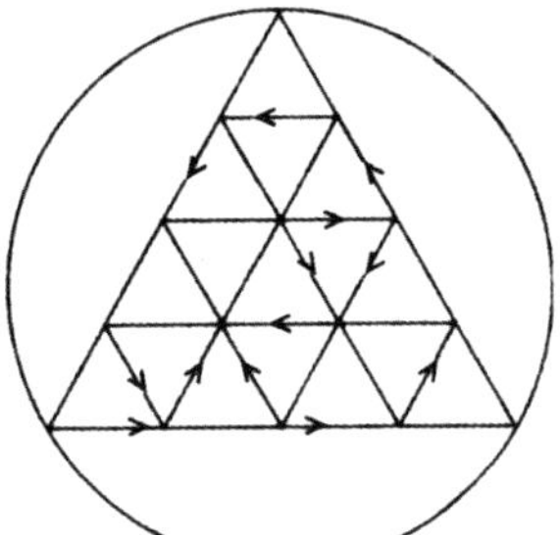

神奇的九点

图中是四条线的解法，尚无三条线的解法。

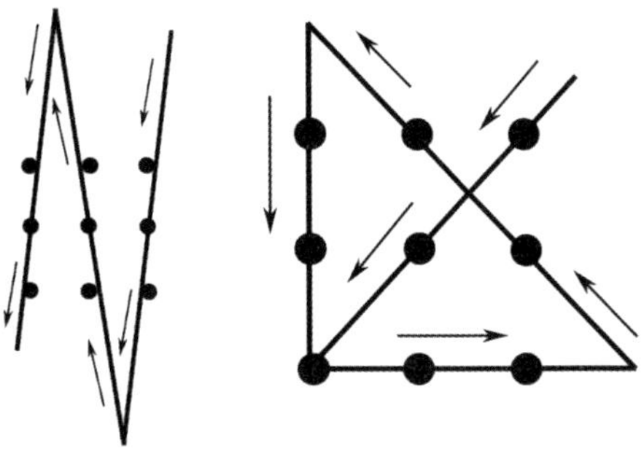

十二点问题

如果你已经解决了9个点的问题，那么更多点的问题的答案就容易得到了。就本题而言需要用5条线段。

巧折立方体

答案为E。

天平上的图形

放入1个四边形。4个四边形＝3个向右箭头＝6个向上箭头。

第五部分

科学类培养思考力游戏

科学是人类认识客观世界的理论总结，客观世界纷繁复杂，从表面到本质盘根错节，我们在对这些盘根错节的关系进行梳理时，往往苦于思考能力的不足，这时我们就可以利用科学知识、科学方法来处理这些问题。有效的科学知识方法会帮助我们将这些复杂的问题清晰化、简单化，从而使我们的思维进程顺利进行下去。

硬币如何落下

找一个小号的广口瓶。将一根火柴棍折成“V”字形（不要完全折断，要使一部分纤维还连着），放在瓶口上，再取一枚比瓶口小一点的硬币放在“V”字形的火柴棍上、在不用手或者其他工具接触“V”字形火柴棍和硬币的情况下，想办法使硬币落到瓶子里去。

培养指数：★★★☆☆

静水进烧杯

现在你手头上有一盘水、一个烧杯、一个软木塞、一个大头针和一根火柴棍。你必须使所有的水都进入烧杯，但是不能把盛水的盘子端起来或者使之倾斜，也不能借助其他工具使水进入烧杯。

你怎么完成任务？

培养指数：★★☆☆☆

平分金砖

有一位富翁，先后用 24K 黄金打造了四块金砖，形状都是正方体，每边长度分别是 3 厘米、4 厘米、5 厘米和 6 厘米（见图）。他决定把这些金砖平均分给两个儿子。

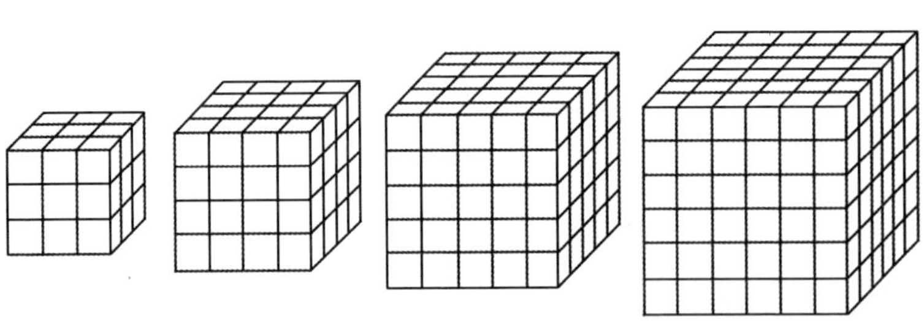

四块金砖，大小不一，重量各不相同。怎样才能平均分成两份？

培养指数：★★★☆☆

天平称盐

死海海水含盐量很高，据说总的含盐量达450亿吨，盐场的盐堆积成山。这里有一个天平样式的秤，它在处于平衡状态时，左右秤杆却不一样长。现在只有两个500克的砝码，用这个秤能不能准确地称出1000克盐？秤杆的长度、重量均不知道，应该怎么称呢？

培养指数：★★☆☆☆

烟的方向

在长江上，一艘轮船正以时速10千米的速度前进，它冒出来的烟是笔直的。你认为会出现这种现象吗？

培养指数：★★☆☆☆

蜘蛛吐丝

星期五有两节自习课，潘多拉因为家里有事便提前请假回家了。冬天的天气特别冷，幸好潘多拉里里外外包了好几层。走在树林的小路中，潘多拉感到有蜘蛛丝蒙在了脸上，抬头一瞧，看到树上有两只蜘蛛在吐丝。潘多拉心想，这几天可能不需要坐船过江了。

你知道潘多拉为什么会这样想吗？

培养指数：★★☆☆☆

薄冰变厚

一个寒冷的冬天，一支部队来到了松花江边上，可即使是冬天，松花江面还只是结了一层薄薄的只有五六厘米厚的冰，冰上面覆盖着一层雪。很明显这样踩在冰面上是很危险的，只有等到冰层达到七八厘米才会安全。大家正着急的时候，一位新来的士兵想出条妙计，部队只等了一会儿，冰层的厚度就达到了 8 厘米以上。

你知道他想出了一条什么妙计吗？

培养指数：★★☆☆☆

温度的变化

周末的到来，使小伙伴们特别兴奋。同一个院子里的小朋友们聚在一起开小型辩论会。他们讨论的话题是：一根接在电路上的整根铁丝已经热了，这时有冷水滴在铁丝的左端。那么，铁丝右端的温度和刚才相比，会有什么变化？甲说比刚才要冷，乙说比刚才更热，丙说右端温度始终不变。

你认为谁说得对呢？

培养指数：★★★☆☆

红色的水滴

将一滴水染上红色，然后滴入一碗水中。当它落入水中之后，你还能再次看到这个红色水滴吗？

培养指数：★★★☆☆

哈林捡球

哈林是一名网球爱好者。一天，她在打网球的时候，不小心把球掉进球场的一个小洞里。这是一个老鼠洞，这个洞太深了，她够不到，而且由于洞到了中间就拐弯了，所以即便用木棍也无法把球拿出来。但是她并没有气馁，她很快就想出来一个好办法，并在 2 分钟之内把球拿了出来。

她是如何拿到球的呢？

培养指数：★★☆☆☆

飞离北极

一架飞机从北极点出发，往南飞行了 50 千米后又往东飞行了 100 千米。此时，飞机离北极点多远？

培养指数：★★☆☆☆

判断正误

1. 小芳的叔叔是小芳姐姐的祖母的儿子。

2. 如果某一年的 7 月是 31 天，那么这一年的 8 月应该是 30 天了。

3. 一个人在 6 点钟时走进车间，他把挂在地图上的时钟倒挂过来，发现时针正指向地图上的南方。

4. 一个小孩用一个半径为 6 厘米的半圆形卡片制作圣诞卡。他想在上面贴一张长 6 厘米、宽 3 厘米的图片，但他发现这张图片根本不能完全放进这个半圆形的卡内。

5. 幼儿园老师给了第一个孩子 10 块甜饼，给了第二个孩子 15 块，给了第三个孩子 21 块，给了第四个孩子 28 块。按照这组数列的排列规律，老师应该给第五个孩子 35 块甜饼。

6. 有 10 个小孩在一起玩雪球。如果每一个小孩都要向其他的每一个小孩扔一个雪球，那么总共扔出了 90 个雪球。

7. 森特的包里有 30 双红袜子和 22 双白袜子，如果他随机地从包里掏 3 次袜子，每次取出一只袜子，他肯定能得到一双配对的袜子。

8. 如果一个花环由 7 片花瓣组成，那么就需要 8 个连接带。

9. 如果蓝气球比绿气球大，蓝色球同时又比红气球大，那么绿气球比红气球大。

10. 一个农场是一个正六边形，筑 3 条直栅栏可以把这个农场平均分成 6 块。

11. 击鼠标比赛开始了。参赛者有小宝、小军和小乐。小宝 10 秒能击 10 下鼠标，小军 20 秒能击 20 下鼠标，小乐 5 秒能击 5 下鼠标。以上各人所用的时间是这样计算的：从第一击开始，到最后一击结束。现比赛要求击 40 下鼠标，比谁快。那么，他们三个人会打成平手。

12. 一只驯鹿驾着雪橇往西走 5 个街区，然后往南走 10 个街区，再往东走 5 个街区，又往北走 5 个街区，现在雪橇在起点以南 5 个街区处。

13. 汤姆在湖中看见了自己的倒影。他右肩上有一个包，在倒影中，这个包跑到了左肩上。

14. 强强有两只左手戴的手套而没有右手戴的手套，他发现只要把这个左手手套翻过来，就可以戴在右手上。

你能快速、准确地判断以上说法的正误吗？

培养指数：★★★☆☆

砝码的变化

一个滑轮上吊着一根绳子，摩擦力可忽略不计。绳子的右端挂着一只砝码，重 500 克，一只小松鼠攀在绳子的左端，恰好能与砝码保持平衡。

如果此时松鼠开始顺着绳子向上爬，绳子右端的砝码会如何变化呢？

培养指数：★★☆☆☆

蜡烛的变化

如图所示，把一根点燃的蜡烛放在一个装有水的容器里，再在蜡烛上面罩上一个玻璃瓶。

你能预测一下，这个实验最终会出现什么结果吗？

培养指数：★★★☆☆

聚集太阳光

如图所示，平行的太阳光分别通过 4 个不同的透镜射到一张白纸上。

请问哪一个透镜下的白纸会着火？如果引起着火的不止有一个透镜，那么哪个透镜下面的火着得更厉害？

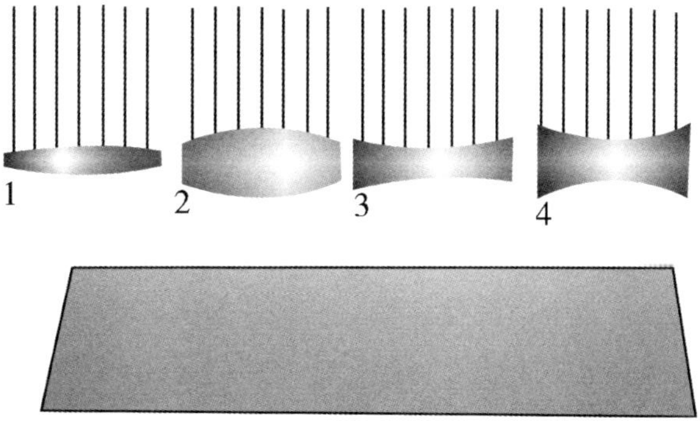

培养指数：★★★☆☆

铁球测水泥硬度

生产队自制了一批水泥，需要试验一下这批水泥的硬度。有人说只要有一个小铁球就可以做这个试验。你知道怎样做这个试验才能够测出水泥的硬度？

培养指数：★★☆☆☆

分辨真花和假花

一个小村庄里，有一对靠养蜂为生的兄妹，兄妹感情非常好。一天，妹妹拿来两朵一模一样的花给哥哥看，她让哥哥分辨哪朵是真花、哪朵是假花。要求哥哥只能远远地看，不能用手去摸，更不能闻。

如果是你，你会怎么分辨？

培养指数：★★☆☆☆

桶里究竟多少水

农夫雇少年做一项很奇怪的工作。“这里有一个木桶，只要你装半桶的水在里面，不能多也不能少，而且不能使用木棒或绳子来量。”

最后这名少年完成了农夫交代的工作，请问他用什么办法去测量桶内的水究竟有多少？

培养指数：★★☆☆☆

真假古铜镜

爷爷非常喜欢收藏古玩，他闲着的时候就会到旧货市场上转转。一天，他看见一个小伙子拿着一面古铜镜叫卖，就走了过去。他拿起古铜镜仔细观察，发现上面铸有“公元前四十二年造”的字样。

爷爷没问价钱就走了，他不用请专家鉴定就知道这面古铜镜是假的。你知道这是为什么吗？

培养指数：★★☆☆☆

弹簧的读数是多少

一根弹簧用一根绳子系在天花板上，另一根绳子系在地板上，拉紧弹簧下端，这时弹簧上的指针读数为 100 千克。

然后依次把重 50、100 和 150 千克的砝码挂到弹簧上。弹簧上的指针读数分别为多少？

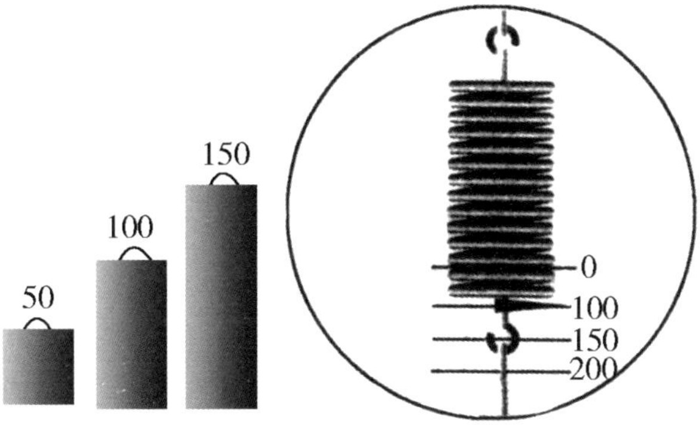

培养指数：★★☆☆☆

哪只狗流汗多

某地举行警犬大赛，其中一个比赛项目是赛跑。一只长毛狗跑得快，一只短毛狗跑得慢。这两只狗跑到终点时，哪只狗流汗更多？

培养指数：★★☆☆☆

房子在哪里

一个人刚来一个地方，他围着房子走了一圈，想确定东、南、西、北。可是他发现四周的方向都是一样的。这所房子坐落在哪里呢？

培养指数：★★☆☆☆

为何装锌块

轮船在海水中航行，船壳很容易生锈。为了防止船壳生锈而被海水腐蚀，往往在轮船的尾部和船壳的水线下部，装上一定数量的锌块。原因何在？

培养指数：★★☆☆☆

真假遗嘱

富翁死后，突然出现了两份遗嘱，两个受益人带着遗嘱去打官司。其中第一份遗嘱是用打字机打出来的，工整清楚，语言逻辑性强；第二份遗嘱是手写的，字迹很像是富翁的，里面提出否定第一份遗嘱，并且里面强调是躺在床上仰面写成的，所以上面的圆珠笔字迹有些凌乱。陪审团很多人都认为第二份遗嘱是真的可能性很大，这时有一个律师出来用事实证明第二份遗嘱是假的，你知道他是怎么看出来的吗？

培养指数：★★☆☆☆

林肯辩护

美国著名前总统林肯曾经是一名律师。有一次，他替一位被告进行辩护。这位被告被控持枪杀人，但在审讯过程中，被告却不认罪，坚决声称自己是清白的。但对方的证人却一口咬定他亲眼看见了被告杀人的全过程。

证人提供的证词是这样的：7 月 20 日晚上 10 时，我站在一棵大树后面，亲眼看见被告在离大树西边 30 米处的草堆旁用枪击毙了死者。因为当时月光正照在嫌疑人的脸上，所以我看得非常清楚。杀人者就是被告。

证词听起来似乎无懈可击，但林肯却根据这一证词认定证人是在诬告，成功地为被告摆脱了莫须有的罪名。你知道林肯是如何从证词中看出破绽，反败为胜的吗？

培养指数：★★★☆☆

古堡奇案

在印度，一提起浩瀚的塔尔沙漠中那座高大而神秘的古堡，人们就不寒而栗。近几年来，凡是过路商人和马队夜宿古堡，都一个个送掉了性命，连骡马都不能幸免。到底古堡里的杀人凶手是谁？用的什么凶器？当局调来了全印度最有名气的侦探和警察，当夜也大都死在古堡大厅里。经高明的法医验尸，很难找到致死的痕迹。

警方无奈，只好在古堡大门口贴下告示：“过往行人一律不准在夜间留宿。”后来英国著名探险家乔治来到古堡，一心想探明究竟，探险队员个个荷枪实弹地进入古堡。天亮待警察赶来，乔治和他的人马已全部遇难。印度警方继而发出紧急布告：凡能破古堡疑案者，赏金一万卢比。布告发出后迟迟无人问津。

一年后的一天，终于来了个白发银须，衣衫褴褛的乞丐，自称彼特利克，他郑重地提出能破此案。警察局局长半信半疑，但又没有其他办法，只得叫来刑侦科长并吩咐道：“派人盯着这个送死的老家伙，看他搞什么鬼名堂。”刑侦人员发现那个老头买了一个大铁箱，一只猴子和一副渔网，这使经验丰富的警察局局长百思不得其解。

夜幕渐渐降临，彼特利克驾驶马车奔进那座令人望而生畏的神秘古堡，眼前漆黑一片，堡内死一般寂静。老乞丐摸进乔治遇害的大厅，他先给猴子注射了麻醉药，并将它放进渔网里。然后自己钻进铁箱，牢牢地抓住渔网的网绳。

老乞丐这样做到底是为什么呢？

培养指数：★★★★☆

狮子的微笑

马戏团的狮子已经和女驯兽师合作过无数次，每次女驯兽师在演出时把头伸进它的嘴，它都很配合，从不弄伤女驯兽师。而在这一天，当女驯兽师把头伸入狮子嘴里时，狮子做出了一个仿佛是微笑的表情，随后便一口咬碎了女驯兽师的头。

在表演前，狮子吃过许多肉，所以不可能是因为饥饿。这只狮子也不可能是在发情期内，因为马戏团是不会让处于发情期内的猛兽上台表演的。

那么，狮子在咬死女驯兽师前的微笑表情，又是怎么回事呢？

培养指数：★★☆☆☆

挂倒了的国旗

威廉是全球巨轮“伊丽莎白”号的主人。这一天，他邀请业界的好友齐聚“伊丽莎白”号远航日本。正当他们玩得高兴时，威廉的一位好友大叫，称他那装有机密文件的公文包丢失了。威廉立刻把船上的5名船员叫了过来一一询问。船长说刚才他在驾驶舱里一直没走开过，有录像带可以作证；技师说他一直在机械舱保养发动机，好让发动机能一直保持一定的速度，可是没人可以证明；电力工程师告诉威廉，他刚才在顶层甲板更换日本国旗，挂上去以后发现挂倒了，于是重新挂了一次，有国旗可以作证；还有两名船员说他们在休息舱打牌，互相可以作证。

威廉听完，立刻指出了其中一个人在说谎，并且让他交出公文包。

你知道谁在说谎吗？

培养指数：★★☆☆☆

泄密的玻璃杯

出版商玛丽小姐在自己的公寓里被杀了。警方找到三个嫌疑犯，作家露丝、印刷厂负责人卡罗和玛丽的前夫刘易斯。他们三个人的证词如下：

露丝："那晚我去找过她，主要讨论重新签订版税合同的事情。之后，玛丽倒了一杯冰镇饮料给我喝，大约 5 分钟后我离开了。"

卡罗："我当天晚上 20 点左右去的玛丽家，准备向她要回欠印刷厂的费用，但是她根本不和我谈钱的事情。后来我就走了。对了，她还给我倒了杯冰镇苏打水，楼下看门的老人能证明我是什么时候离开的。"

刘易斯："我们虽然因财产问题离婚，但离婚后我们还是好朋友。那晚我去看她的时候，她的情绪很不好。所以我在她那里只喝了杯白开水，聊了会儿就走了。"

警察在案发现场没有找到射杀玛丽的弹壳，只找到留有死者清晰指纹的玻璃杯。据预测，当晚的温度大概是 37℃。谁是凶手呢？

培养指数：★★★☆☆

碘酒的功劳

大律师赛西拥有一件珍藏了一个世纪的家族珍宝——祖母绿宝石。这件珍宝被赛西小心地封存在一个木头箱子里，箱子是檀木做的，非常沉重，箱口贴着封条。放祖母绿的丝绒小盒子就放在这个箱子里。赛西 50 岁生日当天，他亲自把这个箱子打开向大家展示这件珍宝的风采，在场的每一个人都被震撼了。就在大家观赏祖母绿时，赛西的好朋友来访，于是他赶忙把装祖母绿的小盒子放回木箱里，然后顺手拿起糨糊贴上封条，急匆匆地出去迎客了。但当他返回时却发现箱子里的祖母绿突然不见了。前后才几分钟的事情，祖母绿就被人偷了，小偷究竟是谁呢？

正好大侦探波洛也在现场，他只说了一句话就找到了那个人。他说的是："我只需要一点碘酒，就能找出是谁拿走了祖母绿。"你知道为什么小偷一听要拿碘酒就承认了自己的罪行吗？

培养指数：★★☆☆☆

拙劣的谋杀

探长波洛准备去曼彻斯特度假。在火车站，他看到一位身穿黑色长裙的贵妇，正推着一位坐在轮椅上的老人慢慢走来。老人蜷缩成一团，表情十分僵硬。

“我能帮您什么吗？”波洛问道。“谢谢，我想不用了。”贵妇婉言谢绝，她叹了口气说道，“这是我的父亲，他偏瘫已经有一年多了，现在，我打算带他去曼彻斯特治病。”波洛说：“曼彻斯特吗？正巧我也去那里，要不结伴同行？”

但贵妇婉言拒绝了波洛的好意。她推着轮椅，慢慢消失在人群中。看着她的背影，波洛忽然觉得有点不对劲，可到底哪里有问题，却也说不上。开车的时间到了，远处火车呼啸着向站台驶来。突然，尖叫的刹车声响彻车站，刚才那辆轮椅出现在铁轨上，但因躲避不及，轮椅上的老人还是当场死亡了。

警察迅速赶到了解情况，黑衣贵妇哭诉道：“刚才我好端端在等车，谁知道火车进站的时候，一股强大的气流向我吹过来，把我一下子向外吹，我一时站不稳，跌倒在地上。而我父亲的轮椅顿时失去了控制，一下子冲下站台。卡在铁轨上！然后……都是这该死的站台设计，我要告这该死的火车站！”

“女士，很遗憾你说的是假话。”波洛在一旁冷冷地说，“不管你是因为遗产还是其他的原因下这样的毒手，你都不能逃脱法律的制裁。警察先生，你应该立刻拘捕她。”探长波洛为什么这么快就破案了呢？

培养指数：★★★☆☆

罪犯的阴谋

夕阳西下，广阔的原野上阿尔法策马而行，奔往 A 城。途中的一株枯树上捆绑着一个死去的牧马人。牧马人的嘴被堵着，脖子是用三根牛皮条捆住的，显然是由于脖子被勒住后窒息而死的。阿尔法解开绳子，把尸体放在马上，运到A城的警局。经检验，警官推断死亡时间是当日下午4点钟左右。第二天，警官逮捕了一名嫌疑犯。但是，经过调查，这个人从昨天中午到死尸被发现这段时间一直在A城，有人证明他一步也没离开A城。因为有人证明他不在场，所以，尽管嫌疑很大，也不得不释放。警官十分为难。“警官先生，所谓罪犯不在现场是一个骗局。”阿尔法三言两语，便使真相大白。罪犯使用什么手段制造骗局？罪犯是单独犯罪，没有同案犯。

培养指数：★★★☆☆

追凶三岔路

刑警小王追踪一名刺杀他人后骑自行车逃走的歹徒。追踪到一个三岔路口时歹徒的逃跑方向成为一个问题。因为这个三岔路口有左右两条路。“到底罪犯是沿哪条路逃走的呢？”经过仔细观察，这两条路都曾施过工，地上到处是泥沙。小王看到面前的两条路都有微微向上的坡度，而这两条路上都有自行车的车轮痕迹。小王蹲下身详细地比较了两辆自行车的车轮痕迹：右侧道路的痕迹前轮和后轮大致相同；而左侧的道路，前轮的痕迹比后轮浅。经过判断，小王飞速地选择了其中一条路追了下去。小王是如何判断逃犯逃跑的方向的？

培养指数：★★☆☆☆

南岸的月影

某夜，在M市一条江边发生了一起凶杀案。警方在当地群众的帮助下。很快抓到了一名嫌疑犯。

“昨天晚上22点左右，你在哪里？”警员问。“昨晚我整夜都在江上钓鱼。”犯人故作轻松地回答：“你在哪岸垂钓？”警员又问道。“南岸。”罪犯说，“昨天的月亮很大，圆圆的映在江面上，美丽极了。”

“是吗？”警员用嘲讽的语调说，“昨夜确实是满月。而且天气也很好，月亮在晚上 19 点就出来了，一直到凌晨 4 点才落下。不过这些不能证明你晚上 22 点不在案发现场。快交代吧，你刚才在说谎。”

警员这样说的理由是什么？

培养指数：★★☆☆☆

财主的毒计

聪明的阿凡提总是帮助老百姓对付财主，因此财主对阿凡提恨得咬牙切齿。有一次，财主借机把阿凡提抓起来绑到水池的柱子上，然后又在水面上放了很多大冰块。这时水正好没到阿凡提的脖子处。

财主对阿凡提说：“这次你可栽到我手上了！等冰块一融化，你就没命了！”阿凡提听了财主的话，面不改色，笑嘻嘻地一点儿也不在意。

你知道这是为什么吗？冰块融化之后水面会上升多高呢？

培养指数：★★☆☆☆

阿基米德的巧计

古希腊大科学家阿基米德有许多创造发明，大家都很尊敬他。

这天，罗马侵略军乘着战船，又来攻城。青壮年们不在，城里只有老人、妇女和孩子，大家都吓坏了，都来找阿基米德，要他想办法把敌人赶跑。

阿基米德走上城墙边一看，哎呀，太阳真厉害，照得人眼睛都睁不开。他看见罗马战船越来越近，船上的风帆不久前刚上过油。他灵机一动，高兴地说：“有办法啦！放火烧船！”

他指挥大家一齐行动，敌船上的风帆烧起来啦，敌人纷纷跳水逃命。你知道阿基米德用什么巧计，打胜这一仗的呢？

培养指数：★★☆☆☆

偷古钱的猫头鹰

大财主格罗德邀请了一个钱币收藏家巴赛德来做客，顺便欣赏对方带来的几枚日本古钱。当晚，两人在书房相谈甚欢，但是不久巴赛德就发现自己带来的日本古钱丢了三枚。这三枚钱币规格一样，都是直径 3 厘米，厚 2 毫米。

书房里只有他们两个人，巴赛德觉得钱肯定是格罗德偷的。但是格罗德当场脱光了衣服来证明自己的清白，巴赛德检查后，也确实没有找到古钱。

巴赛德仔细回想，当时自己正在用放大镜一个一个地欣赏着格罗德的收藏品，一点儿没有察觉到什么异样。不过，那期间格罗德一步也未离开自己的书房，更没开过窗户，只是在鸟笼前喂自己的猫头鹰吃肉。所以，偷去的古钱不会藏到外面去。

巴赛德总觉得猫头鹰可疑，一定是它吞了古钱。但是，格罗德声称自己的猫头鹰肯定不会偷古钱。巴赛德想了一夜，第二天一早，他就和格罗德说希望把猫头鹰剖腹查看。当然，此前为了防止猫头鹰被阿基米得，巴赛德悄悄地在猫头鹰身上剪短了几根羽毛。没想到，格罗德倒是一反常态。答应了巴赛德的要求。可是，剖腹查看的结果是古钱也不在猫头鹰身体里。

那究竟是谁偷了古钱？又把古钱藏在了哪里呢？

培养指数：★★★☆☆

巧取金币

有一次，国王把一块金币和一块比金币稍大的银币放入了葡萄酒杯中（如右图所示），然后对囚犯们说："谁能不用手和其他工具就把金币从杯中取出来，我就给谁自由。"国王刚说完，一个囚犯就说出了正确答案。国王只好给他自由。

那个囚犯是怎样取出金币的呢？

培养指数：★★★☆☆

圆规画蛋

《一千零一夜》中有这样一个情节：有一天，水手辛巴德被一只老鹰抓到了窝里，老鹰窝里有很多老鹰蛋。

据说，一位画家为书中的此情节画插画时，是用圆规一次一个地将那些鹰蛋画出来的，但是却画得很逼真。

你知道画家是怎样画的吗？

培养指数：★★★☆☆

U 型管

如左侧图，把水倒入一透明的 U 型管中。把你的大拇指放到 u 型管的一个开口上，然后小心地倾斜 U 型管，使其中的水碰到你的大拇指。然后压紧大拇指，使管的这端密封。

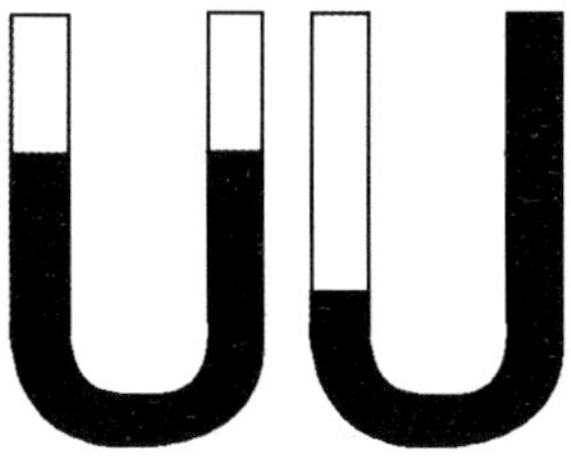

当你重新把 U 型管直立起来后，水面还将保持与你的大拇指接触。水位不在同一水平面上，如右侧图中画出的那样。你能解释为什么水位不同吗？

培养指数：★★★☆☆

拉绳子

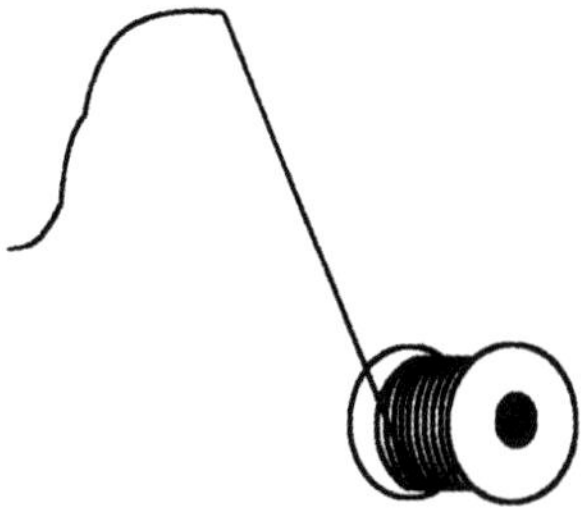

如何拉这只线圈，使它能朝前后任意一个方向运动。

培养指数：★★★☆☆

一绳提两杯

下图有两个形状和大小都相同的杯子和一条长麻绳。在不用将两个杯子捆绑的情况下，你能只用这条绳子就把这两个杯子都提起来吗？

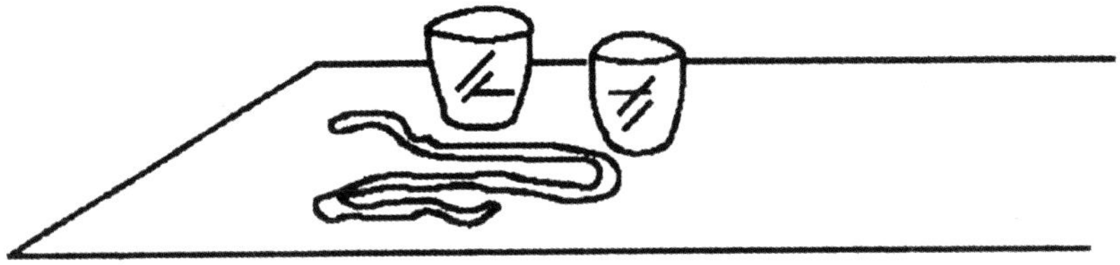

培养指数：★★★☆☆

平衡还是不平衡

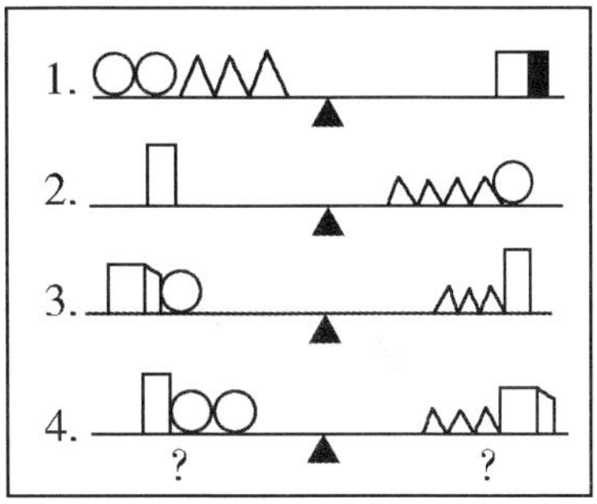

毕达哥拉斯是古希腊著名的数学家。他门下弟子众多。在一次讲课中，他拿出四架天平，分别在两边放上一些几何物体，同种形状的物体大小、重量都相等。毕达哥拉斯问众弟子："你们谁能告诉我，根据前三架天平的状态来看，第四架天平是不是平衡？"众弟子面面相觑，无人能答。你能解答这个问题吗？

培养指数：★★★☆☆

电梯上称重量

在下降的电梯中，分别用弹簧秤与天平称物体的重量，称出的结果与电梯静止时有什么变化？

培养指数：★★★☆☆

答案及解析

硬币如何落下

在火柴棍上滴几滴水，使水分沿着木质纤维的导管渗进去。火柴弯曲处的纤维受潮后膨胀，火柴棍自然就会渐渐伸直。这样，硬币就会自动掉进瓶子里去了。

静水进烧杯

用大头针穿过火柴，并把火柴固定在软木塞上。把软木塞放到水里后，火柴也不会湿。把火柴点燃，然后把烧杯倒扣在软木塞上，火柴燃烧时把氧气耗光，水就会进入烧杯。

平分金砖

因为四块金砖全是用24K黄金打造的，比重相同，所以它们的重量之比等于体积之比。计算表明：$3^3+4^3+5^3=23+64+125=216=6^3$

由此可见，最大正方体的体积恰好等于另外三个小正方体体积的和。

所以，最简便的方法是将最大的一块金砖给一个儿子，其余三块给另一个儿子，就实现了平均分配。

天平称盐

先在任意一头秤盘上放上去两个500克的砝码，另一头填上盐A使它平衡。然后，取下砝码以盐B代替砝码，使它再平衡。此时，盐B就是1000克。如果左右秤杆长度相等，那么盐A就是1000克。

烟的方向

这个可能。如果当时的风向和风速与这艘船的方向、速度相同，那么对船而言，就相当于处于无风状态，这时烟会直直地往上冒。

蜘蛛吐丝

蜘蛛在冬天吐丝表示寒潮要来临，这时江里的水都会结冰，自然不用乘船过江了。

薄冰变厚

有两种办法：一是清除河面上的积雪，使寒冷传至冰层以下；二是在冰面上浇水。

温度的变化

乙说得对。因为铁丝左端遇冷之后，这整根铁丝的电阻小了，电流更大，所以右端更热。

红色的水滴

事实上，在水滴落入水中150毫秒之后，你会再次看到水滴从碗中升起来，这一过程用一台超高速相机可以拍摄得到。

在这么短的时间内，这滴水还没有足够的时间与碗里其他的水融合。这种现象每滴水滴入时都会发生。这是一种复杂的流体力学现象的演示，这一现象被称之为“可逆层流”。

哈林捡球

哈林让俱乐部的场地管理员通过附近的水管把洞里灌满水，这样网球就浮出了水面。

飞离北极

飞机离北极点的距离是50千米。它向东飞行时与北极点的距离不变。

判断正误

1. 对。小芳姐姐的祖母就是小芳的祖母，她祖母的儿子只能是她的大伯、叔叔或她爸爸。

2. 错。无论是平年还是闰年，7月和8月都是31天。

3. 错。在6点钟时，时针指向南方，此时把时钟倒过来，时针应指向北方。

4. 错。这个问题有点复杂并需要想象力。一个等值的问题是：“能否把一个边长为3厘米的正方形放进一个直径为6厘米的1/2圆中?”这个问题的答案是“能”。因为一个正方形对角线总小于它的边长（或在本问题中即半圆的半径）的2倍。

5. 错。老师应该给第五个小孩子36块甜饼，因为：10＋5＝15，15＋6＝21，21＋7＝28，28＋8＝36。

6. 对。每一个小孩都要向除他以外的孩子扔一个雪球，即扔9个雪球，那么10个小孩就扔90个雪球。

7. 对。假设袜子的颜色分别为x和y，并且第一次森特从包里掏出的袜子的颜色是x。如果他第二次挑出的袜子的颜色是x，那就正好可以配对。如果第二次是y，则他有一只x和一只y。这样，第三次他无论是掏出什么颜色的袜子都可以配对了。

8. 错。每一片有两个端点，每两个端点需要一个连接带。所以说，连接带的个数与片的个数相等。这样，做一个由 7 片花瓣构成的花环只需要 7 个连接带。

9. 错。我们可以肯定地说蓝气球是最大的，但不能肯定地说出绿气球和红气球的相对大小。

10. 对。通过这个正六边形中心的三条直线就能够把它分成相等的 6 个三角形。

11. 错。是小军最先击完 40 下鼠标。因为各人所用的时间是这样计算的：从第一击开始，到最后一击结束。所以，相邻两次击动鼠标的时间间隔，小宝是 10/9 秒，小军是 20/19 秒，小乐是 5/4 秒，即小军击鼠标的时间间隔最短，因而速度最快。

12. 对。往东的 5 个街区抵消了最初往西的 5 个街区，所以，雪橇只是往南行了 10 个街区和往北行了 5 个街区，最后的结果是往南行了 5 个街区。

13. 对。倒影或镜像是和原物相反的。所以左边的东西出现在倒影中正好在右边。

14. 对。左手手套翻过来正好适合右手。

砝码的变化

不管松鼠爬的速度、方式如何，松鼠与砝码总是处在面对面的位置。松鼠不可能高于砝码，也不可能低于砝码。

蜡烛的变化

燃烧需要氧气，没有氧气就不能燃烧。当蜡烛燃烧用完玻璃瓶中的氧气时，蜡烛就会熄灭，这时玻璃瓶里的水位会上升，以填充被用尽的氧气的空间。

聚集太阳光

透镜 2 和透镜 1 都是凸透镜，透镜 2 比透镜 1 更厚，因此经过透镜 2 的光线弯曲度更大，会聚太阳光的能力也更强。如图所示。

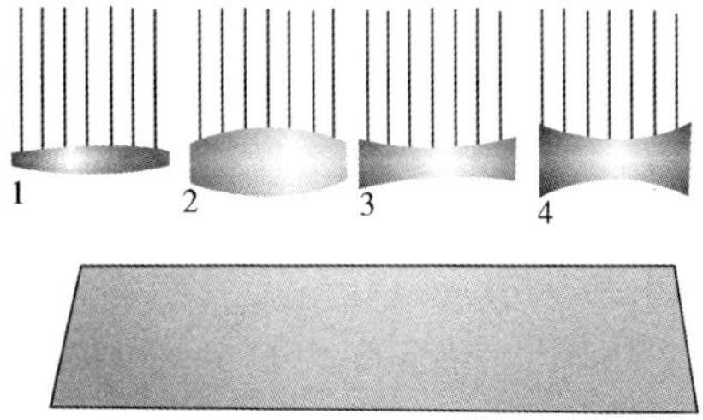

透镜 3 和透镜 4 都是凹透镜，它们根本不会会聚太阳光，因此它们下面的纸不可能燃起来。

铁球测水泥硬度

测水泥硬度的办法有两个：

（1）让小铁球从相同高度自由下落，检查铁球落在每块水泥砖上的深度，深度浅的硬度大。

（2）让水泥砖成45°安放，小铁球从相同高度下落，看铁球滚动多远。硬度大的，小铁球滚得远些。

分辨真花和假花

打开窗户，让蜜蜂飞到房间里来，蜜蜂只采真花的花蜜，这样自然就分辨出真花和假花了。

桶里究竟有多少水

要使桶内的水刚好是半桶，只需把桶倾斜在使水刚好达桶口边缘的程度，这时水面必须和桶底的最高点等高才行。因为桶的上下圆周所相对的点的连线，刚好把木桶分成两半，如果水不及半桶，那么底的一部分就会露出水面，反过来说，假如桶内的水超过一半，那水面就会高过于底部。

真假古铜镜

公元前42年时，公元纪年的概念还没有出现；汉字的公元纪年到20世纪才有。中国在使用公元纪年前，是使用帝号纪年法和干支纪年法的。

弹簧的读数的多少

如果把50千克或100千克的砝码挂在弹簧上，指针仍旧将指向100千克，因为挂上去的砝码产生的力会抵消绳子上相应的拉力，如果砝码重量在0到100千克之间的话。当重量超过100千克的砝码被挂上去后，绳子就会松掉，指针的读数将和挂上去的砝码的实际重量相同。所以当挂上一个150千克的砝码后，指针将指向150千克。

哪只狗流汗多

都不流汗。

狗的汗腺不发达，不管天气多么热或者刚刚运动完，也不会出汗。狗经常伸出舌头喘气，就是让体内部分水分由喉部和舌面排出，这是狗散发体内热量的一种途径。

房子在哪里

很简单，房子在北极或者南极。这需要具备地理方面的知识。

为何装锌块

由于船壳是铁的，装上锌块就形成了原电池，锌比铁活泼，因此被腐蚀的将是锌而不是铁了。

真假遗嘱

这个律师之所以判断第二份遗嘱是假的，是因为他知道躺着用油笔写字，很快就会因油笔不出油而无法写字。

林肯辩护

那一年的阳历 7 月 20 日是上弦月，10 点钟时月亮已经西沉，不会有月光，由此林肯推断证人在说谎。

即使证人记错了时间，把作案时间往前推，月亮还在西天，月光从西边照射过来，如果凶手面向西，藏在树东边草堆后面的证人是根本无法看到其面容的；倘若作案者面向证人，月光照在作案人后脑勺上，证人依然无法看到其面容。所以这份证词无论从哪方面推，都有破绽。

古堡奇案

午夜，只见一团团黑影从古堡顶部飞下来，向猴子猛扑过去，只听苏醒过来的猴子一声惨叫，彼特利克迅速收紧了渔网，古堡内又静了下来，彼特利克在铁箱里安安稳稳地睡了一觉。次日早晨，他从古堡里胜利走出，被欢呼的人群团团围住。他指着渔网说："凶手就在里面，它就是这种奇特的红蝙蝠，长着像钢针一样锋利的嘴，夜间出来觅食，乘人畜不备，瞬间能将尖嘴插入人和动物的大脑，吮吸脑汁，可立即致死人命。由于红蝙蝠具有这种杀人绝招，所以难以在死者尸体上找到伤处。"

当局正要论功行赏，老人拿出了证件。原来这位"乞丐"正是英国剑桥大学著名生物学教授汤恩·维尔特。他观察古堡研究红蝙蝠已经 20 多年，这才一举破了神秘古堡的百年疑案。

狮子的微笑

这是一宗巧妙地利用狮子杀人的案件。狮子的微笑实际上是它想打喷嚏的表情。凶手事先暗中把一种刺激性很强的药物喷在女驯兽师的头发上，当女驯兽师在台上把头伸入狮子口中时，狮子因药物的刺激而打了个喷嚏。由于狮子的力气太大，嘴一张一合，无意间便咬碎了女驯兽师的头颅。

挂倒了的国旗

电力工程师在说谎。日本国旗是白底加太阳的图案，无所谓正反的区别，更别说出现挂倒这种事情了。所以，电力工程师根本没有重新挂国旗，他有足够的时间作案。

在大多数时候，只要根据严密的逻辑推理和正确的判断，就能顺利解决问题，需要注意的是，不要遗漏任何细节。

泄密的玻璃杯

根据口供，露丝和卡罗喝的都是冰镇饮料，而刘易斯喝的是白开水。在炎热的天气里，冰镇饮料会让杯子外表面迅速结出一层水珠，这样死者留下的指纹就应该是模糊的。而常温下手触碰杯子后留下的指纹应该是清晰的。所以，死者最后见的人是刘易斯，由此推断凶手是喝了白开水的刘易斯。

碘酒的功劳

封条上的糨糊是刚刚刷上去的，如果揭开，一定会沾到手上，而糨糊的主要成分是淀粉，碰到碘酒会变成蓝色。波洛正是利用了这个简单的科学原理，轻而易举地让偷窃者交出了祖母绿。

拙劣的谋杀

火车进站的时候，由于车速很快，所以会在火车周围形成强大的低气压，但是这样的气压不会将人向后吹倒，反而会把穿宽大衣服的人吸过去。因此，贵妇显然在说谎。而且她送父亲到曼彻斯特治病，竟然没有携带任何行李，这更让人怀疑她早有预谋，治病只是个幌子而已。

罪犯的阴谋

罪犯是在上午把牧马人绑在枯树上的。那时，被害者还没完全窒息，罪犯是用湿的生牛皮捆住被害者的脖子后扬长而去的。湿牛皮在夏天太阳的照射下，逐渐干缩，直到勒紧牧马人的脖子，使其窒息而亡。

追凶三岔路

凶手是沿着右侧的岔路逃走的，因为前轮和后轮所留下的轮胎痕迹深浅完全相同。

通常骑自行车时，骑者的重量都是加在后轮上的，因此在平路，或是下坡时，前轮的痕迹较浅，而后轮的痕迹较深。可是在上坡时，因为骑者的力量向前倾，体重偏向车把，所以前后轮的痕迹几乎深浅相同。

南岸的月影

这个愚蠢的凶手说自己在南岸垂钓，还看到了江面上的月影。他犯了一个常识性的错误。南岸垂钓，必定面朝北方。在北半球由于地球的自转，月亮和太阳都是由东向西穿过南方的天空。因此面向北方的钓鱼人根本看不到江面的月影。所以警察据此判断此人在说谎。

财主的毒计

水面不会升高，因为冰块融化后水的体积正好等于它排开水的体积。

阿基米德的巧计

阿基米德叫大家拿起镜子，千万面镜子把阳光集中反射到一个点——敌船的风帆上，使这个点温度迅速升高，上过油的风帆很容易就起火燃烧了。

偷古钱的猫头鹰

猫头鹰抓住小鸟或老鼠后是整个吞食的，然后再把消化不了的骨头吐出来。格罗德在食饵肉中夹上三枚古钱喂了猫头鹰，猫头鹰是整吞的。第二天早晨，猫头鹰吐出不消化的古钱，格罗德将它们藏起来，然后再杀了猫头鹰，并剖腹检查证明自己的清白。

巧取金币

正确的做法是：用嘴朝着杯口用力吹气，银币会旋转起来。由于浮力和银币旋转的力量，金币会浮上来。如果你的力量够大，金币就会从杯口飞出来。

圆规画蛋

如下图所示，在瓶子或圆柱形杯子的曲面上卷一张纸，并使纸的一头翘起来，然后用圆规像画普通圆那样，在上面转一圈，就能画出一个很接近鸡蛋形状的图形了。

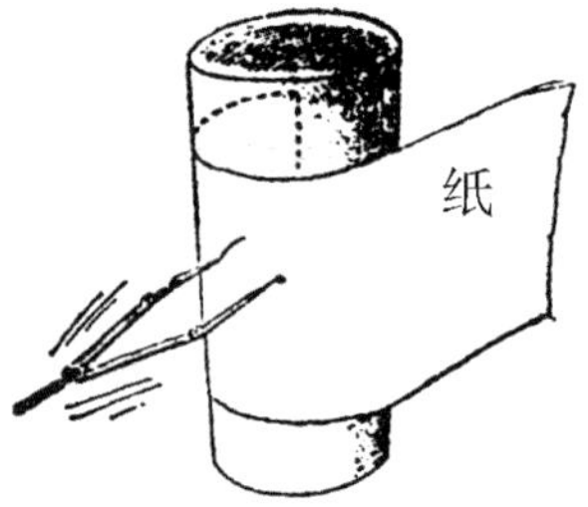

U 型管

你的大拇指阻止了空气从 U 型管这端流入，而开口的一端有空气流入，把水面往下压。大气压把水面压了下去，阻碍水面回升，从而产生了水位不平的现象。

这是证明大气有重量的一个简单例子。

拉绳子

如果你用一个很陡的角度拉线圈，会产生一个朝远离你的方向旋转的转矩；如果你用一个比较小的角度拉，会产生一个反方向的转矩使其向你运动。

一绳提两杯

把麻绳的一端缠绕在其中一个杯的外面，再把它连缠绕的绳子一起塞进另一个杯子里面，这样就能把两个杯子提起来。

平衡还是不平衡

第四架天平不平衡，左边重。设球＝A，三角形＝B，长方体＝C，正方字＝D，由图中情况可知

2A＋3B＞D　①

C＞4B＋A　②

D＋A＞3B＋C　③

①＋②得

2A＋3B＋C＞A＋4B＋D

即 A＋C＞B＋D　④

③＋④得 2A＋C＋D＞4B＋C＋D

即 A＞2B　⑤

④＋⑤得 2A＋C＞3B＋D　⑥

由⑥可知第四架天平左边更重。

电梯上称重量

在下降的电梯中用弹簧秤称重物，由于失重，物体的重量减轻。天平测出的是物体的质量，在任何情况下物体的质量都不变。

理解这个道理，先要弄清楚重量和质量是两个不同的物理量。重量是地球对它上面物体吸引力的大小；质量是物体所含物质的多少。弹簧秤和天平是两种不同的测量仪器。弹簧秤测物体的重量，天平测物体的质量。

本书配有智能阅读助手

为您1v1定制本书阅读计划

帮助您实现“时间花得少，阅读体验好”的阅读目的

建 议 配 合 二 维 码 一 起 使 用 本 书

您可根据自己的学习需求，量身定制专属于您的阅读计划：

阅读方案	学习时长指数	为您提供的资源类型	帮助您达到以下学习目的
1. 高效阅读	学习频次 较低 每次时长 较短 总共耗费时长	技巧类、知识总结类	每次集中时间，帮孩子快速训练思维游戏技巧。
2. 轻松阅读	学习频次 较高 每次时长 适中 总共耗费时长	基础类	每天读一点，让孩子跟着游戏，简单了解思维知识。
3. 深度阅读	学习频次 较高 每次时长 较长 总共耗费时长	拓展类、拔高类	阅读拓展资料，深挖孩子思维潜能。

针对您选择的阅读计划，您可以享受以下权益：

立刻获得的主要权益

1套少儿成长类专题网课	1套本书配套资料包	1套专享礼券包
名师亲授 促进孩子健康成长	由出版社独家提供 高效辅助课外阅读	内含实体书和课程专享礼券包 可在积分商城兑换实体书或精品课

每周获得的主要权益

线上听课提醒	专属伴读资讯	亲子活动	配套线上读书活动	精选好书推荐
16周少儿课程线上学习提醒 每周提醒1~3次	16周学习/升学最新资讯 每周2次	16周家庭亲子活动方案 每周1次	16周群内公开课与伴读答疑 每周1次	16周少儿读物类好书推荐 每周1次

长期获得的主要权益

- **线上精品课**　　名师线上精品课分享　不少于1次（不定期）
- **线下活动报名**　　线下辅导课或夏令营活动推荐　不少于1次（不定期）

微信扫码

首次添加智能阅读助手的步骤

第一步：扫描本页二维码

第二步：点击 点击雇佣我 ，长按识别二维码，添加智能学习助手。

或者，您也可以点击 点击雇佣 ，然后点击 点我加好友 ，长按识别二维码，添加智能学习助手。

第三步：点击 雇佣我吧 ，根据页面提示填写【本书完整书名】，即可获取本书的配套服务。

（您也可以选择页面下方【跳过步骤】直接进入首页）

第四步：点左上角 进入首页，点击【1V1定制读书计划】，可为您定制本书阅读服务方案。

再次使用智能阅读助手的方法

方法一：打开手机微信，在【微信】界面下拉（如图一所示），找到智能阅读助手的图标 ，点击即可。

方法二：打开手机微信，在【发现】界面点击【小程序】（如图二所示），找到智能阅读助手的图标 ，点击即可。

方法三：微信再次扫描本页二维码，按照步骤指引使用。

图一

图二

❶鉴于版本更新，部分文字和界面可能会有细微调整，敬请包涵。